인생은 단순해요.
우리 머릿속이 복잡할 뿐이지!

# 한 장으로 마스터하는 생각정리 스킬

| 복잡한 인생 | 어쩌면 당신의 이야기 | 모두에게 필요한 생각정리 | 생각정리 잘하는 법 | 생각의 시각화 | 두뇌 활동 | 생각정리 로드맵 | 생각정리 활용법 | 당신에게 필요한 생각도구 |
|---|---|---|---|---|---|---|---|---|
| 생각정리 강연회 | **1장 필요성** | 생각 업그레이드 | 전두엽 | **2장 원리** | 생각 정리 도구 | 만다라트 | **3장 생각정리** | 목표달성 기술 |
| 생각정리 스킬이 있는사람 | 생각정리 기술 | 집행력 향상비법 | 우뇌발산 좌뇌정리 | 나열 분류 배열 | 질문 확장 정리 | 결정장애 증후군 | 마인드맵 | 3의 로직트리 |
| 기획이란 생각정리 | 기획과 계획 | 니즈와 원츠 | 1장 필요성 | 2장 원리 | 3장 생각정리 | 독서 전 독서 | 기억에 남지 않는 이유 | 제목 속에 답이 있다 |
| 문제해결 | **4장 기획** | 브레인 스토밍 | 4장 기획 | **생각 정리 스킬** | 5장 독서 | 독서 중 독서 | **5장 독서** | 목차의 구성을 기억하라 |
| 브레인 라이팅 | 퀘스천맵 | 한 페이지 기획서 | 6장 스피치 | 7장 인생 | 추천 Tool | 독서 후 독서 | 여백에 생각을 정리하라 | 독서리스트 작성 |
| 스피치가 두려운 당신 | 메라비언 법칙은 오해다 | 스피치 생각정리 프로세스 | 다이어리 | 일기쓰기 실패 이유 | 과거 추억 일기 | 만다라트 | 마인드맵 | 로직트리 |
| 대상과 목적 분석 | **6장 스피치** | 주제 선정 | 미래 설계 일기 | **7장 인생** | 인생 실천 목표 | 브레인 스토밍 | **추천 Tool** | 퀘스천맵 |
| 질문 나열 | 목차 설계 | 내용 작성 | 생각의 빅데이터 | 인생 그래프 | 버킷 리스트 | XMind | 에버노트 | 나만의 도구를 찾아라 |

# 생각정리
# 스킬

명쾌하게 생각하고 정리하고 말하는 법
**생각정리스킬**

초 판 1쇄 발행 2017년 1월 20일
초 판 63쇄 발행 2023년 2월 28일
개정판 1쇄 발행 2023년 8월 30일
개정판 3쇄 발행 2024년 4월 30일

지은이 **복주환**
펴낸이 **백광옥**
펴낸곳 **(주)천그루숲**
등 록 2016년 8월 24일 제2016-000049호

주소 (06990) 서울시 동작구 동작대로29길 119
전화 0507-0177-7438 팩스 050-4022-0784
이메일 ilove784@gmail.com 카카오톡 천그루숲

기획/마케팅 백지수
인쇄 예림인쇄 제책 예림바인딩

ISBN 979-11-93000-18-2 (13320) 종이책
ISBN 979-11-93000-19-9 (15320) 전자책

명쾌하게 생각하고 정리하고 말하는 법

# 생각
# 정리
# 스킬

· 복주환 지음 ·

**복잡한 생각은 스마트하게 정리하고,**
**단순한 생각은 아이디어로 창조하라!**

천그루숲

생각정리클래스(thinkclass.co.kr)에서는 매달 온·오프라인 강의와
1:1 개인 컨설팅이 진행된다. 직장인과 사업가들이 많이 참석하지
만, 그 외에도 대학생과 취업을 준비하는 청년들, 60~70대 어르신
들도 어렵지 않게 볼 수 있다. 새로운 사업을 준비하는 예비사업가,
유튜브 크리에이터 지망자, 책을 쓰려고 준비 중인 예비저자, 강사가
되고 싶어 하는 사람 등 다양한 이들이 생각정리클래스를 거쳐 갔다.
그들은 모두 자신의 인생을 더 잘 살기 위해, 꿈을 이루기 위해 주말
도 반납하고 먼 길을 찾아와 수업을 들었다. 그들에게 생각정리스킬
은 '꿈과 목표를 이룰 수 있는 중요한 열쇠'였던 것이다.

이렇게 오랜 시간 동안 다양한 분야의 사람들을 만나고 교육을
통해 그들이 변화하는 모습을 보면서 '생각정리스킬'은 전 국민 모
두에게 꼭 필요한 커뮤니케이션 기술이라는 확신이 들었다. 강연으
로 쉴새없이 바쁜 상황이었지만 책을 꼭 써야겠다고 생각을 하게 된
이유는 부산·대구·제주와 같은 먼 지역에서 생각정리스킬 교육을

받고 싶은데 여건상 오지 못해 아쉬워 하는 분들이 상당수 있었기 때문이다. 안타까운 마음에 어떻게 하면 생각정리의 기술을 전파할 수 있을까를 고민하며 강연 콘텐츠를 정리했다. 그 결과 복잡한 생각을 정리하는 방법부터 아이디어 기획, 독서정리, 스피치, 목표달성 등 근본적으로 생각정리를 잘할 수 있는 원리와 방법을 담은 이 책을 완성할 수 있었다.

《생각정리스킬》을 한마디로 요약하면 '명쾌하게 생각하고 정리하고 말하는 방법'이다. 이는 비즈니스에서 가장 중요한 능력이자 기본 중의 기본이다. 생각정리·생각설계·생각표현, 이 3가지를 고루 갖춘 사람은 유능한 인재로 인정받을 수 있다.

우리는 살아있는 동안 생각을 멈출 수 없다. 세상의 모든 일의 시작과 끝이 생각정리로 이루어지기 때문이다. 문제는 생각이 정리되지 않아 힘들어 하는 사람들이 우리 주변에 너무 많다는 것이다. 챗GPT와 같은 인공지능이 등장하고 빅데이터 시대가 되었지만 정작 머릿속에 있는 생각을 체계적으로 정리할 수 있는 사람들은 과연 얼마나 될까? 필자는 10년 동안 연구하고 깨달은 생각정리 노하우와 지식을 한데 모아 아낌없이 전해드리고자 한다.

생각을 바꾸면 행동이 바뀌고, 행동을 바꾸면 습관이 바뀌고, 습관을 바꾸면 결국 운명까지 바뀐다. 이 책을 펼치는 순간 당신의 생각은 스마트해질 것이다. 생각정리의 달인이 되어 성공적인 인생을 살아갈 당신을 진심으로 응원한다. 지금 당장 생각정리를 시작하자!

복주환

> 생각을 바꾸면 행동이 바뀌고,
> 행동을 바꾸면 습관이 바뀌고,
> 습관을 바꾸면 인격이 바뀌고
> 인격이 바뀌면 운명이 바뀐다.
>
> William james (1842~1910)

# 차례

# 오늘도 머릿속이
# 복잡한 당신에게

월요일 아침 눈을 뜨고 시계를 보니 7시 33분, 아뿔싸 지각이다. 김 대리는 허겁지겁 옷을 입고 무작정 회사로 달려간다. 정류장에 겨우 도착했는데 간발의 차로 버스는 떠나간다. '오늘도 한소리 듣고 시작하겠구나' 어깨가 축 처진다. 회사에 도착하니 아니나 다를까 싸늘한 기운이 흐른다. 눈치를 보며 책상에 앉아 습관처럼 컴퓨터를 켠다. 이메일부터 확인할까? 미팅 보고서부터 작성할까? 무엇부터 어떻게 해야 할지 몰라 메모장을 연다. 생각나는 대로 해야 할 일들을 쭉 나열해 본다.

'회의하기, 이메일 보내기, 제품 아이디어 기획서 작성하기,

보고서 만들기, 외부 업체 미팅하기, 은행 업무하기'

해야 할 일이 왜 이렇게 많은지 벌써부터 한숨이 나오고 기운이 빠진다. 지난 주에 마무리하지 못했던 제품 아이디어 기획서부터 정리해야지 생각하는데 주간회의가 시작된다.

"김 대리, 회의자료 정리해 왔어?"

박 부장님께 자료를 드린다. 역시나 못마땅해 하는 표정. 1시간 동안의 기나긴 회의가 시작된다. 이쪽저쪽 의견들이 오가고 업무 지시가 사정없이 내려온다. 부장님의 말씀이 서서히 잔소리로 느껴지고 졸음이 밀려와 눈꺼풀이 내려갈 때쯤 드디어 회의가 끝난다.

"다들 한 주 동안도 잘해 보자고. 이상 끝."

책상에 돌아와 방금 기록한 회의 내용을 본다. 분명히 의견과 지시사항이 많이 있었고 부장님이 특별히 중요하다고 한 내용이 있었는데 메모장을 보니 도무지 핵심이 보이지 않는다. 일단 급한 불부터 끄자는 생각으로 제품 아이디어 기획서부터 다시 정리를 시작한다. 당장 오늘까지 제출해야 하는 기획서다. 고개를 잠시 들고 천장을 바라본다. 두둥실 떠다니는 머릿속 생각들…. 아이디어는 많은데 문제는 어떻게 정리해야 할지 모르겠다. 누가 그랬던가. 생각이 많은 것은 '득'이지만 정리가 안 되는 것은 '독'이라고…. 생각과 정보를 간신히 짜깁기해서 우여곡절 끝에 기획서를 마무리했다.

점심시간 후에는 외부 업체 담당자와 미팅이 있다. 짧은 만남이지만 진급과 연관이 되는 중요한 자리인지라 벌써부터 긴장이 된다. 간단한 날씨 이야기부터 비즈니스 이야기가 오간다. 잔뜩 긴장이 되어 셔츠 겨드랑이에 땀이 차기 시작한다. 미팅이 끝나면 부장님께 보고

드릴 미팅 보고서를 작성해야 한다. 나름대로 기억력이 좋다고 자부했던 김 대리지만 막상 미팅이 끝나고 나니 무슨 말이 오고 갔는지 기억이 나지 않는다. 지난 번 회사 특강에서 배웠던 마인드맵을 활용해 정리해 봤지만 효과가 없어 포기한다. 녹음이라도 해둘 걸 나중에서야 후회가 된다.

정신없이 일을 하다 보니 벌써 퇴근시간이다. 어깨가 축 처진 상태로 터벅터벅 집으로 돌아오는 김 대리는 한숨을 크게 내쉬며 생각한다. '내일은 또 어떻게 견뎌내지?' 해결되지 않은 고민거리들로 여전히 김 대리의 머릿속은 복잡하다. 오늘 밤도 잠이 오지 않는다.

## ?! 어쩌면 당신의 이야기

아마 직장 생활을 하는 사람이라면 누구나 김 대리의 하루와 같은 일을 한 번쯤은 겪어 봤을 것이다. 이처럼 우리의 일상은 크고 작은 생각정리의 연속이다. 회의를 할 때도 생각을 정리하고, 미팅을 하기 전에도 생각을 정리한다. 심지어 점심 메뉴를 고르는 일도 생각정리다. 우리는 살아가는 동안 매일 생각정리를 하며 살아간다.

챗GPT의 등장으로 단번에 정보가 정리되는 인공지능 시대가 되었다고 하지만 정작 내 머릿속에 있는 생각을 체계적으로 관리하고 정리할 수 있는 사람은 얼마나 될까? 오히려 넘쳐나는 정보 때문에 우리 머릿속이 더 복잡해지고 혼란스러워져 선택을 못하게 되는 결정장애증후군이라는 말까지 생겨났다. 생각정리를 못하는 것이 스트레스를 넘어 병이 되어 버린 것이다.

어쩌면 당신도 오늘 생각정리가 되지 않아 스트레스를 받은 상황이 있었을 것이다. 뒤죽박죽 엉킨 생각을 정리하는 방법을 알 수 있다면 얼마나 좋을까 고민도 했을 것이다. 명쾌하게 생각을 정리하고 말하는 사람들을 보면 어찌나 부러운지…. 도대체 나는 왜 생각정리가 안 되는지, 방법은 어디에 있는지 찾다가 이 책을 우연히 발견했을 것이다. 그렇다면 잘 찾았다고 말씀드리고 싶다. 이 책은 생각정리스킬이 필요한 당신을 위한 이야기이기 때문이다.

## ?! 모두에게 필요한 것

사실 생각정리스킬은 너나 할 것 없이 모두에게 필요한 능력이다. 있으면 좋고 없으면 그만인 그런 능력이 아니다. 없으면 당장 살아가는 데 지장이 생기는 아주 중요한 능력이다.

학생들의 경우에는 공부하는 방식이나 시험공부를 계획하는 것에도 연관이 있고, 직장인들은 기획부터 회의 진행, 업무보고서 작성, 프레젠테이션 준비 등 거의 모든 활동과 연관이 있다. 만일 생각정리스킬이 없다면 학생들은 비효율적인 공부방법과 계획으로 시험 성적이 떨어질 것이고, 직장인들은 소통이 안 되고 업무시간이 지연되며 생신성이 떨어지는 등 다양한 문제가 생길 것이다.

이러한 상황이다 보니 어떻게든 생각정리의 기술을 배우고자 책을 찾고 강의를 듣는다. 하지만 세상에는 두 부류의 사람이 존재한다.

A. 생각정리를 못해도 신경을 안쓰는 사람    B. 나만의 생각정리스킬을 만들기 위해 노력하는 사람

## A) 생각정리를 못해도 신경을 쓰지 않는 사람

A유형은 생각정리에 관심이 없는 사람이다. 선천적으로 생각정리를 잘하는 사람이라면 생각정리에 관심을 가져야 할 필요가 없겠지만 이 시대를 살아가고 있는 현대인들은 누구나 '생각정리스킬'이 필요하다. 넘쳐나는 정보의 홍수로 인해 머릿속이 점점 복잡해지고 있기 때문이다. 생각정리가 되지 않는 사람은 상대적으로 업무 속도가 느리며 말을 할 때 앞뒤가 맞지 않고 계획 없이 행동하게 된다. 또 계획성이 부족해 실수가 잦고 시행착오를 되풀이해 스트레스를 받는다.

생각정리가 되지 않으면 자신은 물론이고 주변 사람들까지 곤란하게 만든다. 생각정리를 잘하기 위해 노력하지 않는다면 문제는 점점 더 심각해질 것이다. 무관심이 가장 큰 문제다. 작은 불씨 하나를 잡아야 큰 재난을 예방할 수 있다. 수많은 시행착오를 줄이고 어려운 문제도 자신감 있게 해결하기 위해서는 생각정리스킬을 배워야만 한다.

## B) 나만의 생각정리스킬을 만들기 위해 노력하는 사람

B유형은 나만의 생각정리스킬을 만들기 위해 부단히 노력을 하는 사람이다. 생각을 정리하는 것에서 멈추지 않고 생각을 설계하고 표현하는 방법까지 마스터하고자 한다. 생각정리 관련 서적을 찾아 읽고 직접 강의를 들으며 방법과 원리를 연구한다. 그 과정에서 마인드맵, 브레인스토밍, 만다라트와 같은 나만의 생각도구를 발견하게 된다.

노력을 통해 얻은 생각정리스킬은 업무 속도를 높여주고 주변 사람들과의 커뮤니케이션도 원활하게 진행될 수 있도록 해준다. 생각정리를 잘하기 위해 노력했지만 큰 효과를 얻지 못한 사람도 있을 것이다. 그 이유는 방법과 원리를 제대로 배우지 못했기 때문이다. 생각정리스킬은 그동안 방법을 알지 못해 고민했던 사람들에게 희망을 갖게 해줄 것이고, 자신만의 생각정리스킬이 있던 사람에게는 날개를 달아줄 것이다.

노력은 결코 배신하지 않는다. 이 책을 통해 당신의 노력이 결실을 맺길 바란다.

# 1장

우리가 몰랐던
생각정리의
재발견

# 01

# 생각정리,
# 누구에게 필요한가?

## ?! 생각정리스킬이 필요한 당신

생각정리클래스에는 남녀노소를 불문하고 다양한 사람들이 찾아온다. 고민을 해결하기 위해서, 마인드맵 사용법을 알고 싶어서, 시간관리 잘하는 방법을 배우고 싶어서, 말을 잘하고 싶어서 등 주제는 다양하지만 결국 최종 목적은 생각을 잘 정리하고 기획하고 말하는 방법을 배우기 위해서 찾아온다. 생각정리스킬이 필요한 사람들은 다음과 같다.

### 1) 청소년
다양한 학습법이 있지만 정보와 지식을 요약·정리하고 패턴과 원리에 맞춰 이해하고 암기하며 질문을 던져 생각의 관점을 확장시켜 나

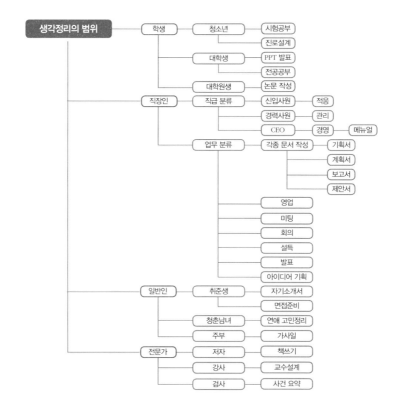

가는 것은 그 누구보다 학생들에게 꼭 필요한 능력이다. 누군가의 기준으로 정리된 지식들을 주입식으로 암기해 나가는 형태의 학습법은 창조적인 사고를 요구하는 21세기에는 의미가 없다.

생각정리스킬을 습득하게 되면 이해력과 기억력·사고력이 향상되고, 지식의 핵심내용을 최단시간에 파악해 전체 흐름을 알 수 있기 때문에 동일한 시간과 노력을 투자해도 효과를 훨씬 높일 수 있다. 생각정리스킬은 초·중·고등학교는 물론이고 청소년 기관·학원 등에서 모두 필요하다.

## 2) 대학생, 대학원생, 취업준비생

대학생들의 경우는 주로 진로설계, 취업준비(자소서·이력서) 등의 주제에 관심이 많은데, 버킷리스트나 인생그래프와 같은 툴을 활용하여 정리하면 큰 도움이 된다. 또 조별 발표 과제를 할 때는 생각정리스피치 5단계 프로세스를 활용하여 준비한다면 좋은 결과를 얻을 수 있다.

대학원생들은 논문 작성을 할 때 디지털 마인드맵을 활용하면 수많은 지식과 정보를 정리하는 데 도움이 된다.

취업준비생의 경우 자신의 비전과 회사에 대한 생각이 얼마나 정리되어 있느냐에 따라 입사 여부가 결정되기 때문에 평소 회사에 대한 정보 수집과 면접에 필요한 생각정리를 잘해 두어야 한다.

## 3) 직장인, 창업가

기업에서는 기획력이 곧 능력이다. 기업(企業)은 기획(企劃)을 업(業)으로 삼는 곳이기 때문이다. 그래서 직장인들은 기획서·계획서·보고서·제안서 등을 작성할 때, 영업·미팅·회의·설득·발표를 할 때 생각정리스킬이 필요하다. 다양한 업무와 프로젝트를 동시다발적으로 원활하게 진행하기 위해서는 업무리스트를 심플하게 작성해야 하며, 업무의 성과를 높이고 스마트하게 하기 위해서는 생각정리가 필수다.

또 창업을 하기 위해서는 사업계획서 작성을 시작으로 상품 기획서·제안서·계획서 등 수많은 내용을 스스로 생각하고 정리해야 하는데, 합리적인 의사결정과 원활한 문제해결을 위해 생각정리스킬이 필요하다.

## 4) 청춘남녀, 주부

연애를 하고 있는 청춘남녀들은 어떨까? 행복한 사랑을 유지하기 위해서는 상대의 생각을 충분히 이해하고 공감하고 정리할 수 있는 지혜가 필요하다. 남녀 간 서로의 생각을 파악하지 못한다면 서로를 이해하지 못하고 결국 사소한 말다툼으로 이어지기 때문이다.

할 일이 많은 주부들에게도 생각정리가 필요하다. 주부들은 아침부터 저녁까지 해야 할 일이 태산이기 때문이다. 아침에 일어나 자녀를 학교에 보내고 남편의 출근 준비도 해야 한다. 밀린 설거지에 청소, 빨래, 옷 정리, 집안 청소까지 해도 해도 가사 일은 끝이 없다. 하루 일과를 잘 보내기 위해서는 집안일을 하기 전에 미리 계획을 세우는 생각정리가 필요하다.

## 5) 전문가

전문가들은 자신의 전문성을 높이기 위해 정보와 지식을 체계화하고 구체화하는 작업이 필요하다. 저자들은 글을 쓸 때, 교수·강사는 교안을 준비할 때, 검사들은 사건 요약을 할 때, 디자이너들은 디자인 컨셉을 정리할 때, 기획자는 아이디어를 구상하고 정리를 할 때 생각정리스킬이 필요하다.

이처럼 남녀노소를 막론하고 생각정리는 누구에게나 필요하다. '점심에 무엇을 먹을까?'와 같은 작은 고민에서부터 기업 매출과 직결되는 기획서 작성까지 우리는 살아 있는 한 생각정리를 멈출 수 없다. 당신은 이 책 《생각정리스킬》을 통해 무엇을 정리하고 싶은가?

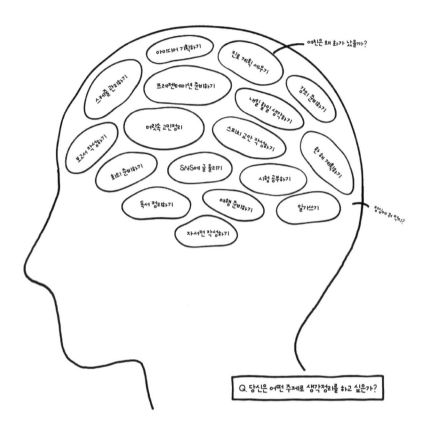

위의 그림을 참고하여 나에게 필요한 생각정리 주제는 무엇인지 떠올려보길 바란다.

생각정리스킬

# 02

# 생각정리스킬이 있는
# 사람들의 특징

**?! 생각정리스킬이 있는 사람**

생각정리스킬이 있는 사람들의 가장 큰 특징은 머릿속이 심플하다는 것이다. 이들은 수많은 정보를 논리적으로 처리하는 방법을 알고 있다. 핵심과 본질을 파악하려 하고, 문제가 발생할 때 프로세스에 입각하여 해결을 한다. 또한 단순한 생각을 아이디어로 확장하고 기획하는 능력이 있어 회사나 학교 등에서 유능한 인재로 인정을 받는다.

이들은 언제 어디서든 사소한 것이라도 메모를 해두고 늘 정리정돈을 하는 등 평소에 생각을 정리하는 습관이 있다. 프로젝트를 맡으면 큰 그림을 먼저 그리며 일을 진행하기 전에 계획을 미리 하고 행동에 옮기기 때문에 문제가 발생할 때 당황하지 않고 해결을 한다. 상황에 맞게 생각정리 도구를 활용해 생각을 정리하며 남들보다 업

| | 생각정리스킬이 있는 사람 | 생각정리스킬이 없는 사람 |
|---|---|---|
| 사고측면 | 머릿속이 심플하다 | 머릿속이 복잡하다 |
| | 정보의 핵심을 파악한다 | 정보의 핵심을 파악하지 못한다 |
| | 논리적으로 생각한다 | 두서없이 생각한다 |
| | 문제해결 프로세스가 있다 | 문제해결 프로세스가 없다 |
| | 아이디어 기획을 잘한다 | 잡다한 생각이 많다 |
| 행동측면 | 생각을 정리하는 습관이 있다 | 생각을 정리하는 습관이 없다 |
| | 계획하고 행동한다 | 계획 없이 행동한다 |
| | 생각정리 도구를 활용한다 | 생각정리 도구를 활용하지 않는다 |
| | 업무 속도가 빠르다 | 업무 속도가 느리다 |
| | 결론부터 말한다 | 상황부터 말한다 |

무속도가 두 배 이상 빠르다. 이야기를 할 때에는 결론부터 말하는 습관이 있으며 데이터에 강하고 명쾌하게 전달하기 때문에 소통하는 능력이 뛰어나다.


**?! 생각정리스킬이 없는 사람**

반면, 생각정리스킬이 없는 사람은 항상 머릿속이 복잡하다. 정보의 핵심을 파악하는 것이 아니라 불필요한 수식에 집중하여 시간을 낭비하는 상황이 종종 발생한다. 두서없이 생각을 하기 때문에 앞뒤가 맞지 않는다는 말을 듣기도 하며, 어떤 문제가 발생하면 일을 해결할 수 있는 프로세스가 없기 때문에 종종 큰 타격을 입기도 한다. 머릿속에 생각은 많지만 아이디어로 기획하는 능력이 없어 실력을 인정받지 못한다.

이들은 생각정리스킬이 있는 사람들과 반대로 평소에 생각을 정리하고 메모하는 습관이 없다. 계획 없이 행동을 진행하며 생각정리 도구를 활용하지 않을 뿐더러 그 방법을 모르기 때문에 업무 속도도 상대적으로 느리다. 처리한 일에 대해서는 결론이 아닌 상황부터 말하며 중언부언하기 때문에 다른 사람들과 소통이 잘 이루어지지 않는다.

# 03

# 생각정리는
# 기술이다

그렇다면 어떻게 생각정리스킬을 배울 수 있을까? 이 책에서 강조하는 것은 바로 '스킬'이다. 스킬은 곧 기술이다. 기술은 배우면 누구나 할 수 있는 것이다. 생각정리를 못하는 이유는 '방법'을 모르기 때문이다. 생각은 눈에 보이지 않지만 잘할 수 있는 원리가 있으며 반복되는 패턴이 있다.

### ?! 집행력을 향상하는 비법

KBS 2TV 〈스폰지 2.0〉에서 공부 잘하는 비법으로 '집행력'에 대한 프로그램을 방영했다. '두뇌의 CEO'라 불리는 집행력은 생각정리 능력 중 하나로, 정보를 조직화하고 체계적으로 일을 수행하는 능력이다.

그럼, 집행력이 좋지 않으면 어떻게 될까? 월급이 300만원인데 계획 없이 지출을 해서 400만원의 카드 값이 나오거나, 다이어트 중이지만 배고프면 일단 먹고 보기 때문에 다이어트에 실패하게 된다. 일을 할 때도 무엇부터 어떻게 해야 할지 몰라 업무관리에 실패하고, 시험공부도 전략 없는 무리한 목표 설정으로 당연히 결과가 좋지 않게 나온다. 이처럼 집행력이 좋지 않으면 일상·학업·업무에 모두 영향을 끼치게 된다.

집행력을 향상시킬 수 있는 방법은 무엇일까? 〈스폰지 2.0〉에서는 집행력 향상비법으로 '하노이의 탑(Tower of hanoi)'을 제시한다.

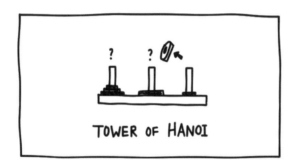

하노이의 탑은 수학자 루카스(Lucas.E)가 고안한 퍼즐인데, 8개의 원판과 3개의 기둥으로 조합되어 있다. 방법은 간단하다.

① 한 번에 하나씩 옮길 것
② 맨 왼쪽 기둥에서 맨 오른쪽 기둥으로 옮길 것
③ 큰 원반이 작은 원반 위에 있으면 안 될 것

집행력이 좋은 사람들은 하노이의 탑을 처음 봤을 때 어떤 반응을 보일까? 집행력이 좋은 만큼 하노이의 탑을 잘할 수 있을까?

집행력이 우수한 참가자들은 모두 5단계 쌓기에서 최소 개수 31개로 성공한다. 심지어 7단계 127개의 기둥 옮기기도 가볍게 성공한다. 그 비법은 무엇이었을까? 인터뷰를 들어보았다.

**"무작정 하는 것이 아니라 계획을 세우고 패턴을 발견해서 했어요."**

집행력이 좋은 사람들은 원판을 옮길 때 무작정 옮기는 것이 아니라 머릿속으로 계획을 세우고 패턴을 찾으며 순서대로 옮겼다.

이번에는 반대로 집행력이 좋지 않은 사람 10명에게 하노이의 탑을 쌓게 했다. 집행력이 좋지 않은 사람들의 결과는 어떻게 되었을까? 안타깝게도 모두 실패했다. 그 이유는 무엇이었을까?

**"처음에는 조금 계산했는데 결국 힘들어서 막 했어요."**

계획과 패턴 없이 하노이의 탑을 쌓았던 것이다. 결국 생각을 하지 않고 탑을 쌓았고, 그 결과 안타깝게 모두 실패를 했다.

하노이의 탑은 무작정 옮기는 것이 아니라 패턴을 알고 계획을 세우며 쌓아야 성공할 수 있다. 한마디로 기술을 사용해야 한다는 것이다. 문제는 집행력이 없는 사람들은 계획하고 패턴을 찾는 것이 익숙하지 않아 결국 습관대로 먼저 행동부터 한다는 것이다.

공부를 하거나 업무를 할 때 집행력이 없으면 계획한 일을 쉽게 포기하게 되고 일을 할 때 체계적으로 하지 못해 자신은 물론 다른 사람들까지 힘들게 한다.

혹시 당신의 집행력은 어떠한가? 구글 플레이나 애플 앱스토어에서 '하노이의 탑'을 검색해 무료 앱을 다운받아 집행력 테스트를 한번 해보기를 바란다.


## ?! 연습을 통해 바뀔 수 있다!

집행력이 좋지 않은 사람들을 대상으로 2주 동안 매일 2~3시간 동안 하노이의 탑을 훈련하게 했다. 2주 동안 훈련한 사람들은 과연 변화할까? 하노이의 탑을 꾸준히 훈련하는 과정에서 이들은 계획하는 능력과 패턴에 입각해서 생각하는 능력이 강화하게 된다. 한마디로 하노이의 탑을 쌓는 기술을 깨달은 것이다.

2주 뒤, 최하위 등수를 기록했던 참가자들의 모습이 180% 바뀌는 기적이 생긴다. 2주 전에는 하노이의 탑을 바라보고 어찌할 바를 몰라 머뭇거렸지만 2주 뒤에는 참가자 전원이 여유 있게 하노이의 탑을 7단계까지 막힘없이 쌓았다. 확실히 여유 있는 모습이었다.

그리고 더 놀라운 것은 참가자들의 집행력 성적이 모두 향상되었고, 특히 99등이었던 한 참가자는 1등으로 향상되기도 했다. 변화된 사람들의 말을 들어보자.

"패턴과 계획이 중요하다는 것을 발견하게 되었습니다."

이 실험을 통해 누구나 기술을 배우고 훈련을 한다면 성장할 수 있음을 알 수 있다. 마찬가지로 이 책을 통해 13가지의 생각도구와 원리 그리고 기술을 배우고 훈련한다면 당신의 생각정리능력도 향상되리라 확신한다.

집행력 하나가 생기면 자신감을 얻게 되고 계획하는 능력이 생겨 일상·학업·업무 모두가 업그레이드될 수 있듯이, 생각정리를 잘하게 되면 논리적으로 생각을 설계하고 명쾌하게 전달할 수 있는 방법까지 함께 터득하게 될 것이다. 우리가 몰랐던 생각정리의 재발견, 그것은 보이지 않는 생각을 정리할 수 있는 방법과 패턴이 존재한다는 것이다.

생각정리에는 분명히 기술이 있다. 기술은 누구나 배울 수 있는 것이며 꾸준히 훈련하면 누구나 변화할 수 있다. 생각정리스킬을 통해 당신의 인생이 변화되는 기적과 같은 일이 있기를 간절히 바란다.

# 2장

# 근본적으로 생각정리를 못하는 이유

# 01

# 생각정리를
# 잘하고 싶다면

생각정리를 잘하고 싶다면 반대로 생각정리를 못하는 근본적인 이유부터 생각해 봐야 한다. 문제를 알아야 해결책을 찾을 수 있다. 강의 중에 다음과 같은 질문을 하니 다양한 답변이 돌아왔다.

'근본적으로 생각정리를 못하는 이유는 무엇 때문일까요?'

> "머릿속에 생각이 너무 많다."
> "생각정리를 해야겠다는 생각을 해본 적이 없다."
> "생각을 정리하는 것 자체가 귀찮다."
> "생각정리를 하는 자신만의 방법을 모른다."
> "메모를 꾸준히 했지만 효과가 없다."
> "생각을 정리하는 습관이 없다."

"마인드맵 같은 툴을 배운 적이 없다."
"문제 자체가 너무 복잡하다."
"다른 사람보다 머리가 나쁘다."

 이 중에서 공감되는 답변 중 하나는 '생각을 정리하는 것 자체가
귀찮아서'이다. 생각정리는 할 수 있는데 귀찮아서 안한다는 것이다.
공감은 되지만 이것은 근본적으로 생각정리를 못하는 이유가 아니
다. 귀찮아서 안하는 것이지 못하는 것은 아니기 때문이다. 그 외에
도 '머릿속에 생각이 너무 많아서, 문제가 너무 복잡해서, 생각정리
습관이 되지 않아서'와 같은 다양한 답변이 있었지만 이 역시 생각정
리를 못하는 이유는 맞지만 근본적인 이유는 아니다. 근본은 실마리
다. 실마리를 잡으면 실타래가 풀린다. 근본적인 이유를 찾게 되면
나머지는 술술 풀리게 된다. 근본적인 이유는 무엇일까? 필자가 정
리한 생각정리를 못하는 이유는 크게 3가지다.

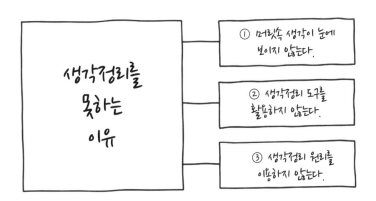

첫째, 머릿속 생각이 눈에 보이지 않는다는 것이다. 보이지 않기 때문에 생각을 정리하기가 어렵다. 머리로만 정리하다 보면 문제는 더 복잡해진다. 보이지 않는 상태에서 생각을 정리하기 때문이다. 따라서 머릿속 생각을 시각화해야만 한다.

둘째, 보이지 않는 생각을 시각화하기 위해서는 생각정리 도구를 활용해야 한다. 그런데 문제는 도구의 종류가 어떤 것이 있는지 또 어떻게 사용해야 하는지 제대로 알지 못한다. 생각정리 목적에 맞는 도구와 방법을 배워야 한다.

셋째, 도구를 활용한다고 해도 생각정리 원리를 알지 못하면 제대로 생각정리를 할 수 없다. 도구가 먼저가 아니라 생각이 먼저이기 때문이다. 생각정리 원리를 알고 도구를 활용해야 한다.

그럼, 지금부터 어떻게 이 근본적인 문제를 해결할 수 있을지 구체적으로 살펴보도록 하겠다.

# 02

# 머릿속 생각을
# 시각화하라

## ?! 생각은 보이지 않는 두뇌활동이다

생각정리를 하지 못하는 첫 번째 이유는 생각이 눈에 보이지 않기 때문이다. 우리 머릿속을 들여다 볼 수 있는 X-Ray가 있다면 얼마나 좋을까? 몸이 아플 때 X-Ray로 몸을 들여다보듯 머리가 복잡할 때 머릿속을 눈으로 보고 정리할 수 있다면 말이다.

상대적으로 눈에 보이는 것은 정리하기가 쉽다. 책상 정리, 옷장 정리, 서류 정리 그리고 교통 정리까지 눈에 보이는 것은 어렵지 않게 정리할 수 있다. 문제는 생각이다. 생각이란 보이지 않는 두뇌활동이다. 따라서 두뇌를 이해하는 것이 생각을 시각화하는 첫걸음이다. 지금부터 뇌 구조를 살펴보자.

뇌는 크게 전두엽, 후두엽, 측두엽으로 나눌 수 있다. 말이 어렵지

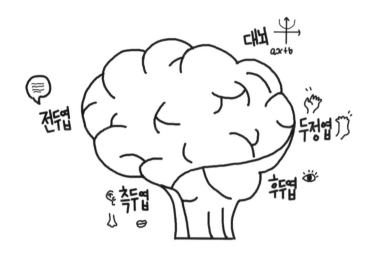

만 풀이하면 쉽게 구분된다. 뇌가 머리 앞에 있다고 해서 전두엽, 뒤에 있다고 해서 후두엽, 측면에 있다고 해서 측두엽이다.

### ?! 생각정리를 담당하는 전두엽

우리 뇌의 앞쪽에 있는 전두엽은 생각하고 판단하는 기능을 하며, 기능의 특성상 '뇌의 CEO'라고 부르기도 한다. 쉽게 말해 우리가 일하고 공부할 때 가장 많이 사용하는 곳이 전두엽이고, 그래서 이를 '일머리' '공부머리'라고도 한다.

전두엽의 가장 큰 기능은 생각을 정리하는 것이다. 책을 읽을 때 기호일 뿐인 글자가 시각정보를 통해 전두엽으로 보내지고, 우리 뇌에서는 글의 맥락을 이해하기 위해 전두엽이 계속 자극되는데, 이러한 과정을 통해 사고의 힘이 커지게 된다. 반면 TV를 시청하거나 컴퓨터 게임을 할 때 생각의 기능을 하는 전두엽은 전혀 자극되지 않는다. 따라서 전두엽을 활성화시키기 위해서는 TV를 시청하거나 독서를 할 때 그저 정보를 받아들이는 것에서 끝내지 말고 자신의 생각을 한 번이라도 정리해 보는 과정이 필요하다.

똑똑한 뇌의 특징 중 하나로 전두엽의 활성도를 이야기한다. 여러 연구보고에 의하면 똑똑한 뇌는 다른 영역에 비해 사고, 계획수립, 주의집중, 자기성찰, 의사결정, 문제해결 등 인간의 가장 고차원적인 기능을 담당하는 전두엽이 왕성하게 활동하는 것으로 나타났다.

실제로 148 이상의 높은 아이큐를 가진 멘사 회원 7명과 보통의 아이큐를 가진 일반인 6명에게 3주 동안 암기와 계산 문제를 풀게 한 후 뇌의 변화를 관찰한 결과, 일반인 그룹은 촉각·통각·압각과 주변의 온도·위치·감각 등을 조절하는 두정엽 위주로 뇌가 활성화된 반면, 멘사 회원들은 두정엽 이외에도 전두엽이 활발하게 활성화되었다. 특히 쉬운 문제를 풀 때보다는 어려운 문제를 풀 때 전두엽이 더욱 활성화되어 천재성과 전두엽이 밀접한 관련이 있음을 추측할 수 있었다.

따라서 전두엽을 활성화시키기 위해서는 평소에 생각정리를 하는 습관을 지녀야 한다.

## ?! 머리가 아니라 손으로 정리하라

전두엽의 기능과 역할을 이해했다면 이제 손에 대해 이야기해 보자.

지금 자신의 손을 들여다 보자. 손은 어떤 도구일까? 예로부터 손은 생활을 위한 '도구'였다. 손을 이용해서 사냥을 하고, 농사를 짓고, 도구를 만들어 지금의 문화를 만들었다. 또 손은 생각을 기록하고 정리할 때 사용하는 도구이다. 뒤죽박죽 엉킨 생각을 정리하고, 문득 떠오르는 아이디어를 기록하고, 다른 사람에게 들은 말을 메모하기 위해 필요한 것이 바로 손이다. 결국 손이 머릿속 생각을 정리해 주는 것이다.

손은 뇌와도 관련이 있다. 주먹을 쥐고 두 손을 합쳐 모아보자. 대뇌의 모양은 두 손을 합쳐 놓은 것과 비슷하게 생기지 않았는가? 그래서 손은 또 하나의 두뇌라고도 불린다. 일본의 뇌 과학자 구보타 기소우는 《손과 뇌》에서 손을 자주 사용하면 전두엽이 활성화되기 때문에 손을 잘 사용한다면 전두엽의 모든 영역이 개발될 수 있다고 말한다. 특히 인체의 뼈는 총 206개인데, 이 중 4분의 1에 달하는 54개가 양손에 있을 정도로 관절이 많아 세밀하고 다양한 작업을 하는 손의 움직임은 뇌와 풍부한 신호를 주고받을 수밖에 없다는 것이다. 따라서 생각을 정리할 때 손놀림을 사용하는 행위는 뇌와 긴밀하게 교감하는 연결고리가 된다. 뇌를 깨울 수 있는 방법은 다름 아닌 손이다. 이제부터 머릿속 생각을 손으로 시각화하고 정리하자!

# 03

# 생각정리 도구를
# 활용하라

**?!** **당신이 알고 있는 생각정리 도구는?**

전두엽과 손의 기능에 대해 살펴보았다면 지금부터는 생각정리 도구에 대해 알아보자. 생각을 시각화한다는 것은 한마디로 도구를 활용해 생각을 눈에 보이게 정리한다는 뜻이다. 생각정리능력을 가장 빠르게 향상시킬 수 있는 방법은 도구를 사용하는 것이다. 그렇다면 우리가 알고 있는 생각도구는 과연 얼마나 될까? 한 번 답해보자.

"메모장" "마인드맵"

그리고 또?

"로직트리" "브레인스토밍" "다이어리"

그리고? "……."

학습자들에게 질문하면 대부분 똑같은 반응을 보인다. 우리가 알고 있는 생각도구가 의외로 적다는 것이다. 100명에게 질문해도 10개 이상의 도구를 대답하지 못한다. 그럼, 국내외적으로 알려진 생각을 정리할 수 있는 도구는 몇 개나 될까?

# 300

놀랍게도 아이디어 발상도구는 무려 300개가 넘는다고 한다. 아이디어 발상도구가 이렇게나 많은데 우리가 알고 있는 도구는 고작 10개도 안 된다니 정말 안타까울 따름이다. 하지만 의기소침해질 필요가 전혀 없다. 300개를 알고 있으면 무엇하겠는가? 도구라는 것은 많이 아는 것이 중요한 것이 아니라 하나라도 제대로 알고 사용하는 것이 더 중요하다. 그렇다면 업무·학업·일상의 효율을 높이는 도구는 무엇이 있을까? 생각정리클래스에서 추천하는 5가지 생각도구를 살펴보자.

우선 공부를 하거나 업무를 할 때는 '마인드맵'을 활용한다. 중심토픽을 기준으로 가지를 치면서 생각을 일목요연하게 정리할 수 있기 때문이다. 회의를 하거나 아이디어를 발상할 때는 '브레인스토밍'을 활용하고, 목표를 세우거나 의사결정을 할 때에는 '만다라트'를 활용하면 좋다. 문제를 해결하거나 논리적으로 생각해야 하는 상황에서는 '로직트리'를 이용하고 활용하며, 생각을 확장하거나 정리하

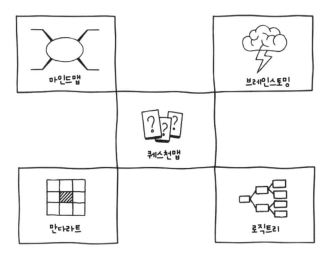

고 싶을 때는 '퀘스천맵'을 추천한다.

이처럼 상황과 목적을 알고 있으면 상황에 맞게 도구를 활용할 수 있다. 생각도구에 대한 자세한 설명은 3장부터 7장의 내용을 참고하기 바란다.

### ?! 아날로그 도구 vs 디지털 도구

디지털 시대가 도래하면서 아날로그로만 사용되었던 생각정리 도구가 디지털 생각정리 도구로 확장되고 있다. 생각정리를 할 때 아날로그 도구와 디지털 도구 중 무엇을 사용하면 좋을까? 아날로그 도구와 디지털 도구는 각각의 장단점이 있기 때문에 상황에 따라 목적에 맞게 사용하면 된다.

아날로그 도구는 언제 어디서나 쉽게 기록하고 창의적으로 정리할수 있다는 장점이 있다. 또한 생각을 정리할 때 손을 사용하면 두뇌를 자극하여 더 넓고 깊은 생각을 할 수 있게 된다. 아날로그 도구의 한계는 수정·삭제·이동의 어려움인데, 이는 디지털 도구를 활용하면 극복할 수 있다.

디지털 도구는 관련된 파일을 첨부할 수도 있고 이미지를 활용해 생각을 정리할 수 있다는 장점이 있다. 또 신속하게 생각을 정리할 수 있고, 보관했던 내용을 쉽게 검색해 찾아볼 수 있다. 하지만 도구가 고장 나거나 프로그램에 문제가 생겨 파일이 삭제되면 복구하기가 어려워진다는 단점도 있다.

아날로그 도구든 디지털 도구든 목적은 같다. 당신의 생각을 정리해 주는 도구라는 것이다. 따라서 나에게 맞는 생각정리 도구를 찾아 유연성 있게 활용할 수 있어야 한다. 최근에는 아날로그 도구를 통해 정리한 기록물들을 디지털 도구로 이동시킬 수 있는 여러 가지 기능들이 생겨나고 있다. 이 시대 지성을 대표하는 석학(碩學) 이어령 교수는 '디지로그(Digilog)'라는 디지털과 아날로그를 하나로 합친 신개념을 만들었다. 그는 《디지로그》라는 책에서 IT시대가 도래하면서 나타난 아날로그와 디지털 문명의 분열을 걱정하고 그 대안으로 디지로그 융합론을 선보였다.

생각정리에도 아날로그와 디지털을 연결할 수 있는 코드를 찾아야 하지 않을까? 생각정리를 잘하고 싶다면 디지털 도구와 아날로그 도구를 함께 사용하는 지혜가 필요하다.

문화심리학 박사 김정운 교수는 이어령 전 문화부 장관에 대해 놀라움을 표했다. 그는 KBS 2TV 특강프로그램 〈오늘, 미래를 만나다〉에서 이어령 전 장관을 언급하며 "이어령 선생님을 보면 부럽다"며 "80대의 나이에도 얼리 어댑터 같다"고 말했다. 이어령 교수는 각기 다른 운영체계로 돌아가는 데스크톱 3대, 크기와 기능이 다른 노트북 컴퓨터 3대, 태블릿PC 1대 등 7대의 컴퓨터와 2대의 스캐너 등 각종 디지털 장비를 보유하고 있는데, 이것들을 본인이 직접 설치하고 네트워킹했다. 그는 7대의 컴퓨터들을 이용해 직접 자료를 모으고 검색하고 정리하여 자신의 지적 회로망에 연결한다. 그리고 책의 중요한 부분은 바로 스캔을 한다. 키워드 검색을 위한 기초작업이다. 문득 머릿속에 떠오른 사고의 큰 틀과 문장들은 태블릿PC에 아노토펜으로 메모를 한다. 그 메모는 바로 디지털 텍스트로 읽혀 컴퓨터 속에 저장된다. 그렇게 서재의 중심에 놓인 컴퓨터는 단순한 도구가 아니라 자신의 확장된 뇌의 영역이 되었고, 그가 선창하는 디지로그 세상을 몸소 실천하는 인간임을 증명한다.

이제는 아날로그와 디지털 도구를 모두 활용하여 생각을 정리할 수 있는 세상이 왔다. 내 머릿속 생각을 정리해 줄 수 있는 생각도구를 발견한다면 그것만으로도 당신의 삶이 스마트해지는 획기적인 변화가 생길 것이다. 처음에는 내가 도구를 필요로 하겠지만 나중에는 도구가 나를 빛내줄 것임을 확신한다. 나에게 맞는, 나만이 활용할 수 있는 생각정리 도구를 찾기 바란다.

# 04

## 생각정리 원리를
## 이용하라

지금까지 생각은 보이지 않는 두뇌활동이며, 생
각을 시각화하기 위해서는 손을 이용해 디지털과 아날로그 생각정리
도구를 동시에 활용하자고 이야기했다. 세 번째로 살펴 볼 내용은 생
각정리 원리다. 아무리 좋은 도구를 사용한다 할지라도 생각이 정리

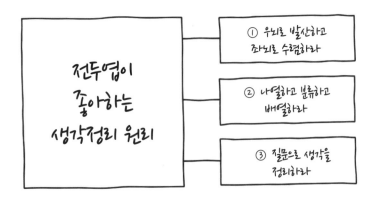

되는 원리를 알지 못한다면 도구는 무용지물이 될 것이 분명하다. 도구보다 중요한 것은 생각이다. 생각정리를 근본적으로 잘하고 싶다면 원리를 알아야 한다. 생각정리 원리는 무엇일까? 전두엽이 좋아하는 생각정리 원리 3가지를 소개한다.

## ?! 우뇌로 발산하고 좌뇌로 수렴하라

생각정리를 못하는 이유 중 하나는 곧장 생각을 정리하려는 습관 때문이다. 옷장 정리를 하기 위해서는 일단 서랍에 있는 옷을 모두 끄집어내야 하는 것처럼 생각정리를 하려면 머릿속 생각을 일단 끄집어내야 한다.

생각정리의 기본은 발산에서 수렴으로 가는 형태이다. 생각정리는 '우뇌'로 발산하고 '좌뇌'로 정리하는 것이다. 특히 아이디어를 기획할 때 생각은 최대한 많이 끄집어내는 것이 좋다. 아인슈타인은 '발명에서 빠질 수 없는 것이 아이디어를 버릴 수 있는 쓰레기통이다'라는 말을 했다. 많은 생각에서 좋은 아이디어가 나온다. 불필요한 내용은 나중에 쓰레기통에 버리더라도 좋은 아이디어를 찾기 위해서는 일단 많은 양의 생각을 발산해 두는 것이 좋다. 그리고 나서 좌뇌로 정보를 수렴하고 생각을 정리하는 것이다.

기억하자. 생각정리를 할 때는 일단 생각을 끄집어내야 한다는 것을!

**?! 나열하고 분류하고 배열하라**

우뇌로 생각을 모두 끄집어냈다면 좌뇌로 정리할 차례이다. 생각정리는 '나열'하고 '분류'하고 '배열'하는 3단계로 이루어진다. 생각정리 원리가 구체적으로 어떻게 진행되는지 예시와 함께 살펴보자.

### 1) 나열 – 생각을 끄집어내기

머릿속에 있는 생각을 머리로만 정리하려고 하면 오히려 더 복잡해진다. 생각이 보이지 않기 때문이다. 이 문제를 해결하기 위해서는 생각을 나열해야 한다. 일단 머릿속에 있는 생각을 모두 끄집어내는 것이다.

'하루 일과'를 주제로 생각을 정리해 보자. 떠오르는 대로 할 일을 생각도구에 나열한다. 다음과 같이 회의, 기획서 작성, 이메일 보내기, 독서 등 여러 가지 하루 일과의 목록이 있을 것이다.

## 2) 분류 – 생각을 정리하기

생각을 모두 나열했으면 그다음 작업은 생각을 분류하는 것이다. 분류는 기준을 정해서 나누는 행위를 말하는데 생각정리를 할 때 가장 중요한 역할을 한다. 분류가 곧 정리이기 때문이다. 그래서 정리를 잘하는 사람이 분류도 잘한다. 생각도 마찬가지다. 분류를 잘하는 사람이 생각정리도 잘한다. 그렇다면 분류를 어떻게 할 수 있을까?

아리스토텔레스는 '문자가 생긴 이유는 만물을 분류하기 위해서'라고 말했다. 따라서 보이지 않는 생각을 정리하고자 한다면 생각을 묶어 줄 수 있는 키워드를 찾아야 한다. 하루 일과는 어떤 기준으로 분류할 수 있을까? 하루 일과를 분류한다면 다음과 같은 기준을 생각해볼 수 있다.

- 시간의 종류 : 오전, 오후, 저녁 등
- 장소의 분류 : 외부, 내부 등
- 과업의 종류 : 일상, 학업, 업무 등
- 우선순위의 종류 : 1~5, 소중한 일, 중요한 일, 긴급한 일 등

이렇게 분류기준이 나오면 그다음 나열된 일정을 기준에 맞게 분류하는 작업을 한다. 하루 일과 역시 여러 가지 방법으로 분류할 수 있는데, 시간 → 장소 → 과업 → 우선순위 순으로 정리하는 것을 추천한다. 시간 안에 장소가 있고, 장소 안에 사람이 있으며, 그 안에서 과업이 생긴다. 이렇게 객관적이고 논리적으로 정리할 수 있는 순서를 생각한다. 일단 시간을 기준으로 분류한 내용을 살펴보자.

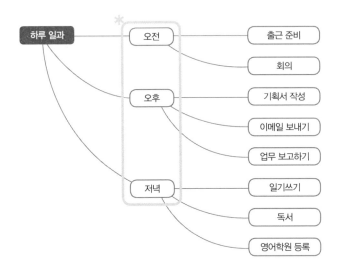

시간을 기준으로 한 번만 분류했을 뿐인데 이전보다 정리가 잘되었다. 분류는 가능하면 여러 번 할수록 좋다. 생각이란 쪼갤수록 더 분명해지고 잘 보이기 때문이다.

시간을 기준으로만 분류를 했더니 무언가 아쉬운 느낌이 든다면

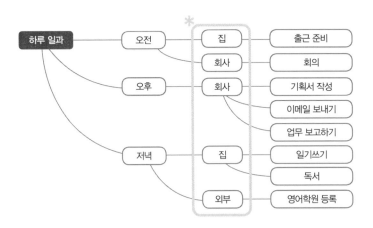

이번에는 장소를 기준으로 집, 회사, 외부로 분류해 보자. 한 번 더 분류를 했을 뿐인데 생각이 체계적으로 정리되고 있다는 것이 한눈에 보여진다.

분류는 언제까지 하면 될까? 간단하다. 스스로 생각정리가 될 때까지 하면 된다. 그럼, 한 번 더 분류해 보자. 이번에는 과업의 종류인 '일상, 학업, 업무'를 기준으로 분류해 보자.

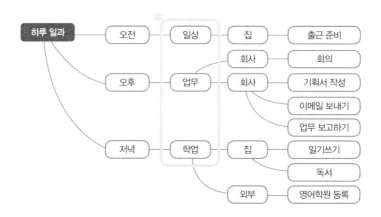

이렇게 시간과 장소와 과업의 종류를 기준으로 분류를 해보니 생각이 정리될 뿐더러 하루를 어떻게 보내는지 일상의 패턴까지 발견할 수 있다. 물론 어떤 이들에게는 구조적으로 사고하는 것이 아직 낯설어서 분류를 해둔 것이 더 복잡해 보일 수도 있다. 하지만 분류를 하지 않고 나열만 했다고 생각해 보자. 당사자는 물론이고 그 생각을 듣는 상대방은 훨씬 더 복잡하게 느낄 것이다.

분류를 하면 생각을 구조화할 수 있고 생각을 한눈에 살펴볼 수 있다. 생각정리에 있어 분류는 필수이다.

### 3) 배열 – 생각의 우선순위 정하기

생각정리의 마지막 단계는 '배열'이다. 배열은 생각의 우선순위를 정하는 것이다. 이 단계는 우리의 생각을 행동으로 바꿔주는 단계이기 때문에 생각정리 과정에서 가장 중요하다. 방법은 간단하다. 중요도에 따라 간단히 숫자를 붙이고, 해야 할 일을 중요도에 따라 순서를 배열한다.

　여기에 체크리스트를 만든다면 하루 일과를 실천으로 옮길 수 있다. 마지막으로 체크리스트를 만들고 중요도에 따라 하루 일과를 순서대로 재배열해 보았다.

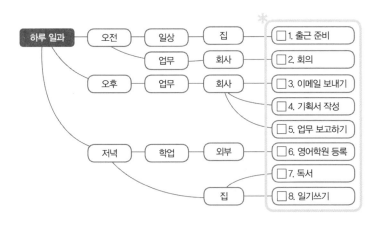

　드디어 하루 일과에 대한 생각정리가 완성되었다. 생각을 나열하고 분류하고 배열하는 과정에서 정리가 이루어진다. 이 원리는 생각정리에 대한 거의 모든 주제에 적용할 수 있다. 아이디어 기획, 학습, 교수안 작성, 책 쓰기, 프로젝트 관리 등 전문적인 주제도 이 원리를 바탕으로 정리가 이루어진다. 또한 마인드맵, 브레인스토밍, 만다라트, 로직트리와 같은 도구도 나열·분류·배열이 공통적으로 사용된다. 그 이유는 나열·분류·배열, 이것이 바로 생각정리의 원리이기 때문이다.


## ?! 질문으로 생각을 확장하고 정리하라

생각정리를 잘할 수 있는 또 하나의 원리는 '질문'이다. 우리는 보통 생각정리를 할 때 질문보다는 자동적으로 답부터 말하곤 한다. 답부터 생각하게 되면 처음에는 생각이 떠오를 수도 있지만 어느 순간 턱하고 생각이 막히게 된다. 생각을 열어주는 것은 답이 아니라 질문이다. 질문은 닫힌 생각을 열어준다. 따라서 생각을 정리하기로 마음먹은 당신이 가장 먼저 해야 할 것은 답이 아니라 질문이다. 질문은 생각을 확장해 줄 뿐만 아니라 정리해 주는 유용한 도구이자 원리이다. 그렇다면 질문은 어떻게 만들 수 있을까?

기본적으로 질문은 육하원칙에 입각해서 할 수 있다. 육하원칙은 사전적 의미로 '사람들이 가장 궁금해 하는 핵심요소 6가지'이다. 한마디로 육하원칙만 잘 활용해도 하나의 주제에 대한 핵심을 파악하고 정리할 수 있다는 이야기다. 육하원칙의 구성요소는 다음과 같다.

**누가, 언제, 어디서, 무엇을, 어떻게, 왜**

육하원칙! 육하원칙! 이 말을 귀담아 듣자. 육하원칙에 입각해서 '질문'하고 육하원칙에 입각해서 '정리'하고 육하원칙에 입각해서 '생각'을 하자. 질문은 곧 육하원칙이기 때문이다. 질문은 이렇게 만들어진다. 예를 들어 당신이 여행을 간다고 가정해 보자. 여행, 무엇이 궁금한가? 정답 말고 질문을 먼저 던져보자.

육하원칙에 입각하여 질문을 했으면 그 다음 답을 생각한다.

질문으로 생각할 때는 지금부터가 중요하다. 멈추지 말고 꼬리에 꼬리를 물고 질문을 계속해서 던지는 것이다. 여기서 한 번 더 질문을 던지면 생각이 더 명확하게 구체화될 것이다. 지면 관계상 생각이 확장되는 모습을 텍스트로 설명해 보겠다.

**어떻게 제주도를 가지? – 비행기 – 어느 항공이 좋을까? – 제주항공 – 그 이유는 무엇일까? – 비용이 저렴하다 – 더 저렴한 곳은 없을까? – 친구에게 물어 봐야겠다 – 친구 누구? – 이번에 제주도에 다녀온 수진이 – 언제 물어보지? – 수진이가 퇴근하면 물어보자 – 언제 제주도에 가지? – 10월 말 – 10월 말에는 어떤 행사가 있지? – 제주도 올레길 걷기 축제 – 또 뭐**

생각정리스킬

가 있지? - 서귀포 칠십리 축제 - 10월 말에 가면 어떤 점이 좋을까? - 선선한 가을 날씨가 좋다 - 또? - 가족들 모두 휴가기간을 맞출 수 있다

꼬리에 꼬리를 물고 질문을 하는 과정에서 생각이 확장되는 것이 보이는가? 다시 한 번 강조하지만 생각은 답이 아니라 질문을 통해 이루어지는 것이다. 이처럼 질문으로 생각을 확장하고 정리하는 기술을 '퀘스천맵'이라고 하는데, '4장 단순한 생각을 아이디어로 기획하는 방법'에서 자세히 알아보기로 하겠다.

# 3장

✦

# 복잡한 생각을
# 스마트하게
# 정리하는 방법

✦

# 01

# 생각정리스킬
# 로드맵

## ?! 《생각정리스킬》 활용법

지금부터 우리의 복잡한 머릿속을 스마트하게 정리하는 방법을 본격적으로 알아보기로 하자. 현재 당신에게 필요한 생각정리의 주제는 무엇인가? 현재 어떤 문제로 고민을 하고 있는가? 자신의 상태를 정확히 알아야 그에 맞는 해결책을 찾을 수 있다.

생각정리 도구는 300가지가 넘는다. 그중에는 아이젠하워 모형, 스왓 분석기법과 같은 의사결정에 도움이 되는 도구도 있지만 내용이 어려워 일반인들이 사용하기에는 어렵다는 한계가 있다.

따라서 이 책《생각정리스킬》에서는 누구나 쉽게 따라할 수 있으며, 업무·학업·일상에서 바로 적용할 수 있는 실용적인 생각정리 도구 13가지를 제시할 것이다. 이 도구들은 상황과 목적에 맞게 선택하

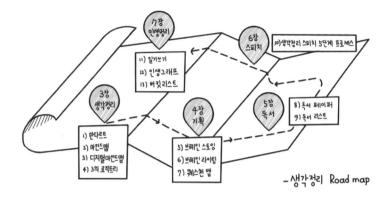

여 사용할 수 있으며 얼마든지 쉽게 응용이 가능하다.

제3장부터는 책을 순서대로 읽을 필요가 없다. 3장부터 7장까지의 내용을 자세히 살펴보고 필요한 것부터 우선적으로 읽기를 권한다. 《생각정리스킬》이 당신만의 생각 컨설턴트라고 생각하고, 고민이 생기거나 머릿속이 복잡할 때 자주 펼쳐보기를 바란다. 당신의 선택에 도움을 주기 위해 '생각정리스킬 로드맵'을 준비했다.

제3장에서는 생각정리라는 주제로 머릿속을 심플하게 정리해 줄 만다라트, 마인드맵, 디지털 마인드맵, 3의 로직트리를 설명한다. 제4장에서는 아이디어 기획에 도움이 되는 브레인스토밍, 브레인라이팅, 퀘스천맵을 설명하고, 제5장에서는 독서정리에 도움이 되는 독서페이퍼와 독서리스트를 다룬다. 제6장에서는 생각정리스피치 5단계 프로세스에 대해 설명하고, 제7장에서는 인생을 변화시키는 일기쓰기, 인생그래프, 버킷리스트를 다룰 것이다.

**?!** **생각정리(제3장)**

### 1) 만다라트

만다라트는 '목표를 달성한다'는 'Manda + la'와 기술 'Art'를 결합한 단어로, 일본의 디자이너 이마이즈미 히로아키가 깨달음의 경지를 상징하는 불교의 불화에서 아이디어를 얻어 창안했다. 일본의 투수 오타니 쇼헤이가 성공의 비결로 만다라트를 이야기하여 화제가 되었고, 목표달성을 위한 도구, 아이디어 발상도구로 사용되고 있다.

### 2) 마인드맵

마인드맵은 '생각의 지도(Mind Map)'라는 뜻으로, 1970년 영국의 토니 부잔이 개발한 사고기법이다. 두뇌의 기능을 최대한 발휘하도록 해주는 '사고력 중심의 두뇌계발 프로그램' 및 '생각을 정리하는 기법'으로 불리기도 한다. 방사형 구조로 표현하고, 약도를 그리듯 꼬리에 꼬리를 물고 생각하는 것이 특징이다.

### 3) 디지털 마인드맵

디지털 마인드맵은 토니 부잔의 마인드맵의 한계를 극복하기 위해 개발된 마인드맵 소프트웨어이다. 컴퓨터, 모바일, 인터넷용 디지털 마인드맵이 존재하며, 대표적인 프로그램은 XMind와 FreeMind 등이 있다. 디지털 마인드맵의 장점은 수정·편집이 쉽고 다른 프로그램과 공유 및 연동이 쉽다는 점이다. 또 다양한 부가기능으로 업무

생산성을 높일 수 있다.

## 4) 3의 로직트리

3의 로직트리는 쉽게 말해 '어떤 주제든 3가지로 요약하고 정리하는 것'을 의미한다. 3의 로직트리를 활용해 생각을 정리하는 방법은 What tree, Why tree, How tree가 있다. 세상이 복잡할수록 단순하게 생각을 정리하는 방법을 배워야 한다. 3이라는 숫자를 활용한다면 명쾌하게 생각하고 정리하고 말할 수 있게 될 것이다.

## ?! 기획(제4장)

## 5) 브레인스토밍

브레인스토밍은 '두뇌폭풍(brain storm)'이라는 뜻으로, 1930년 미국의 알렉스 오스본이 개발한 사고기법이다. 아이디어들이 확산되며 눈덩이 뭉쳐지듯 연쇄적으로 이어지기 때문에 '눈 굴리기(snow bowling)' 기법이라고도 한다. 여러 사람이 모여 아이디어를 창출하는 회의기법으로 사용된다.

## 6) 브레인라이팅

브레인라이팅은 1968년에 독일의 베른트 로르바흐(Bernd Rohrbach) 교수가 브레인스토밍의 문제점을 극복하기 위해 창안했다. 브레인스토밍이 사람들이 모여 이야기하며 아이디어를 발상하는 방법이라면,

브레인라이팅은 조용하게 종이에 생각을 적어나가며 아이디어를 발상한다. 브레인스토밍 방식과 비슷하지만 글로 먼저 자신의 생각을 적고, 그 내용을 기반으로 하여 다른 이들의 생각을 적어나간다는 점에서 효율적이다.

### 7) 퀘스천맵

퀘스천맵은 '질문의 지도(Question Map)'라는 뜻으로, 생각정리클래스 대표인 필자가 개발한 도구이다. 마인드맵과 브레인스토밍 등의 도구를 활용해도 근본적으로 생각이 정리되지 않는 문제점을 해결하기 위해 개발했다. 질문의 구성요소인 육하원칙을 활용하여 간단하게 생각을 확장시키고 일목요연하게 정리할 수 있으며, 학습도구, 아이디어 기획도구 등으로 활용된다.

### ?! 독서(제5장)

### 8) 독서페이퍼

독서페이퍼는 독서 후 한 장으로 독서 내용을 정리하는 종이를 말한다. 독서페이퍼가 필요한 이유는 독서 중 얻게 된 생각과 느낌을 오랫동안 보관하기 위함이고 더 나아가 독후감이나 서평쓰기 활동에 필요한 정보를 정리하기 위해서다. 기본적인 구성항목으로는 책을 읽게 된 동기, 도서정보, 책의 내용(줄거리), 인상 깊은 구절, 책을 읽은 후 생각이나 느낌 등을 한 페이지로 정리한다.

## 9) 독서리스트

독서리스트는 말 그대로 자신이 읽은 책을 기록해 두는 리스트이다. 독서리스트를 작성하면 읽은 책의 장르를 분류할 수 있기 때문에 좋아하는 장르만 편중해서 읽는 것을 방지할 수 있다. 또한 읽은 책의 수가 누적될수록 독서에 자신감이 붙어 계속적으로 독서를 할 수 있는 동기부여가 된다는 장점이 있다. 리스트의 구성요소는 책의 장르와 제목, 저자, 시작일과 완료일 등이다.

### ?! 스피치(제6장)

## 10) 생각정리스피치 5단계 프로세스

스피치의 성공 여부는 분명한 메시지와 탄탄한 논리구성에 있다. 생각정리스피치 5단계 프로세스의 순서는 ① 누구에게 스피치를 할 것인지 정하고, ② 말하고 싶은 주제를 선정한다. ③ 질문을 나열하여 줄거리를 간략하게 정리한 뒤 ④ 목차를 설계하고 ⑤ 다양한 사례로 내용을 풍성하게 한 뒤 실전에 필요한 대본을 구성한다.

### ?! 인생정리(제7장)

## 11) 일기쓰기

우리는 오직 현재에서 살아간다. 이 소중한 순간을 기억할 수 있는 방법은 무엇일까? 바로 일기쓰기다. 일기쓰기는 하루를 돌아보고 미래를 꿈꾸게 하는 생각정리 도구이다. 또한 내가 인생을 잘 살아가고 있는지 나침반 역할을 해주기도 한다. 일기쓰기는 나 자신과의 대화이기도 하다. 필자는 10년 이상 꾸준히 일기를 써왔는데, 그 결과와 노하우를 공개한다.

### 12) 인생그래프

나의 인생을 한 페이지로 정리할 수 있다면 얼마나 좋을까? 인생을 살아가면서 한 번쯤은 내가 어떻게 살아왔고 앞으로 어떻게 살아갈 것인지 인생그래프를 그려보는 시간을 만들어보기를 추천한다. 인생그래프는 인생의 흐름을 한 페이지로 요약해 주는 마법 같은 도구이다.

### 13) 버킷리스트

버킷리스트는 미래 청사진을 그려보는 활동이다. 미래에 어떤 모습으로 살고 싶은지 기록하며 내가 왜 살아가야 하는지 생각해 볼 수 있는 소중한 활동이다. 인생그래프를 통해 과거의 인생을 정리해보았다면, 버킷리스트를 활용해 어떻게 살아갈 것인지 목표를 세워보자.

**?!** **당신에게 필요한 생각도구는 무엇인가?**

《생각정리스킬》에서 소개하는 13가지 생각도구를 간략히 살펴보았다. 도구는 상황과 목적에 맞게 사용하는 것이 중요하다. 당신에게 가장 필요한 생각도구는 무엇이며 그 이유는 무엇인지 생각해 보자.

| 당신에게 필요한 생각도구는? | | |
| --- | --- | --- |
| 순위 | 도구 종류 | 필요한 이유 |
| 1 | | |
| 2 | | |
| 3 | | |
| 4 | | |
| 5 | | |

# 02

# 만다라트

**?!** **당신도 혹시 선택장애?**

우리는 인류 역사상 가장 복잡한 시대에 살고 있다. 과거에는 정보를 접하는 매체가 한정적이었지만 오늘날에는 다양한 정보와 새로운 지식, 인터넷의 발달로 인해 콘텐츠의 양이 기하급수적으로 늘어나고 있다. 평범한 생활 속에서 끊임없이 선택을 해야 하는 상황이 찾아오고 무수히 많은 말과 행동으로 인해 당신의 중심이 늘 흔들린다. 먹는 것, 입는 것, 사는 것, 보는 것 등 일상과 업무에서 접하는 모든 것들이 선택의 연속이다. 이러한 상황 속에서 쉽게 결단을 내리지 못하고 계속 망설이는 심리를 '결정장애' 또는 '햄릿증후군'이라고 한다.

'햄릿증후군'이라는 용어는 셰익스피어 4대 비극 〈햄릿〉에 나오는 "사느냐 죽느냐 그것이 문제로다!"라는 명대사에서 만들어진 것으로, 최근 소비트렌드로 선정될 정도로 많은 사람들이 공감하고 있다. 선택을 하느냐 못하느냐 그것이 문제인 것이다. 짜장면을 먹을까, 짬뽕을 먹을까 고민하는 소비자들의 결정을 도와주는 어플리케이션까지 등장했을 정도이다.

"혹시 나도 결정장애가 아닐까?"

당신도 무언가를 하기 전 갈팡질팡하고 결정을 못해 주변 사람들까지 곤란하게 만들었던 경험이 있는가? 당신에게 결정장애가 있는지 간단하게 테스트를 할 수 있는 방법이 있다. 결정장애 테스트를

**결정장애 테스트**
- [ ] 1. 제대로 된 선택을 못해서 일상생활에 피해를 받은 적이 있다.
- [ ] 2. 누군가에게 선택을 강요받는 것에 대해 심한 스트레스를 느낀다.
- [ ] 3. 보고 싶은 TV프로그램을 정하지 못해 채널 변경을 반복한 적이 있다.
- [ ] 4. '오늘 뭐 먹을까요?' '이거 사도 될까요?' 등의 사소한 결정을 부탁하는 글을 인터넷에 올린 적이 있다.
- [ ] 5. 누군가의 질문의 답이 대부분 '글쎄' '아마도'와 비슷한 말이다.
- [ ] 6. 혼자 쇼핑을 하지 못하고 옆에 대신 결정해 줄 친구가 있어야 한다.
- [ ] 7. 식당에서 메뉴를 선택하느라 30분 이상 걸린 적이 있으며 타인이 결정한 메뉴로 그냥 먹을 때가 많다.

**테스트 결과**
0~2개 :  정상범주에 있지만 약간 우유부단한 성격이다.
3~5개 :  결정장애를 의심해 봐야 하는 초기단계이다. 제대로 된 선택을 하는 것에 어려움을 느껴 본인은 물론 주변인도 매우 답답해 할 수 있다.
6개 이상 : 당신은 심각한 결정장애를 겪고 있는 중이다. 다른 사람의 도움 없이는 작은 것도 쉽게 결정을 내리지 못한다.

해보는 것이다. 인터넷에 떠도는 흔한 심리테스트지만 재미삼아 잠시 펜을 들고 체크를 해보자.

당신은 어떤 결과가 나왔는가? 정상인가? 결정장애를 의심해 봐야 하는 초기단계인가? 아니면 6개 이상 심각한 결정장애를 겪고 있는가? 하지만 큰 걱정은 마시라. 과학적 근거가 없는 자료이니까. 그럼에도 불구하고 걱정이 되는 당신을 위해 한 가지 방법을 소개한다.

결정장애를 극복하는 데 도움을 줄 수 있는 '만다라트'를 추천한다. 당신이 혹은 친구가 배고픈 상황에서 음식 메뉴를 결정하지 못한다면 만다라트를 사용해 보자. 방법은 간단하다. 중심 칸에 있는 1~8 중에서 숫자를 고른다. 만일 1번 치킨을 골랐다면 다시 치킨 칸으로 가서 1~8까지 순서대로 고르면 된다.

**결정장애를 극복하기 위한 음식 메뉴 만다라트**

## ?! 목표를 달성하는 기술

만다라트는 본래 목표를 달성하고자 할 때 사용되는 도구이다. 만다라트(mandal-art)는 '목표를 달성한다'는 'Manda +la'와 'Art'를 결합한 단어이다. 일본의 디자이너 이마이즈미 히로아키가 창안했는데, 불교의 만다라에서 아이디어를 얻었다고 한다. 만다라는 깨달음의 경지를 반복한 원과 네모, 연꽃무늬 등으로 표현한 불화이다.

만다라트가 유명해진 것은 일본의 괴물 투수라 불리는 오타니 쇼헤이가 성공비결로 '만다라트'를 언급했기 때문이다. 〈뉴스픽스〉와의 인터뷰에서 사사키 감독은 이렇게 말했다.

> "나는 160km의 공을 던져본 적이 없었기에 그 방법을 오타니에게 가르쳐 줄 수 없었다. 하지만 지도자로서 반드시 가르쳐야 되는 것은 기술보다도 생각하는 방법이라고 생각했다."

오타니 쇼헤이는 고등학교 1학년 때부터 '8구단 드래프트 1순위가 되겠다'는 목표를 세웠다. 그리고 만다라트에 꿈을 이루는 데 필요한 구체적인 목표 8개를 설정했다. 중요한 것은 오타니 쇼헤이가 구위, 체력, 변화구, 스피드 등 투수로서 갖춰야 할 조건뿐만 아니라 운, 인성, 정신력까지 세심하게 계획했다는 것이다. 단순히 실력만 가지고 성공할 수 없다는 것을 잘 알고 있었기 때문이다. 그는 '8구단 드래프트 1순위'라는 목표에 도달하기 위해 72개의 세부적인 목표를 세웠고 이것을 실천했다.

| 몸 관리 | 영양제 먹기 | FSQ 90kg | 인스텝 개선 | 몸통 강화 | 축을 흔들리지 않기 | 각도를 만든다 | 공을 위에서 던진다 | 손목 강화 |
|---|---|---|---|---|---|---|---|---|
| 유연성 | 몸 만들기 | RSQ 130kg | 릴리즈 포인트 안정 | 제구 | 불안정함 없애기 | 힘 모으기 | 구위 | 하체 주도로 |
| 스테미너 | 가동력 | 식사 저녁 7수저 아침 3수저 | 하체 강화 | 몸 열지 않기 | 멘탈 컨트롤 | 볼을 앞에서 릴리즈 | 회전수업 | 가동력 |
| 뚜렷한 목표, 목적을 가진다. | 일희일비 하지 않기 | 머리는 차갑게, 심장은 뜨겁게 | 몸 만들기 | 제구 | 구위 | 축을 돌리기 | 하체 강화 | 체중 증가 |
| 핀치에 강하게 | 멘탈 | 분위기에 휩쓸리지 않기 | 멘탈 | 8구단 드래프트 1순위 | 스피드 160km/h | 몸통 강화 | 스피드 160km/h | 어깨 주위 강화 |
| 마음의 파도 만들지 말기 | 승리에 대한 집념 | 동료를 배려하는 마음 | 인간성 | 운 | 변화구 | 가동력 | 라이너 캐치볼 | 피칭 늘리기 |
| 감성 | 사랑받는 사람 | 계획성 | 인사하기 | 쓰레기 줍기 | 부실 청소 | 카운트볼 늘리기 | 포크볼 완성 | 슬라이더 구위 |
| 배려 | 인간성 | 감사 | 물건을 소중히 쓰자 | 운 | 심판 분을 대하는 태도 | 늦게 낙차가 있는 커브 | 변화구 | 좌타자 결정구 |
| 예의 | 신뢰받는 사람 | 지속력 | 플러스 사고 | 응원받는 사람이 되자 | 책 읽기 | 직구와 같은 폼으로 던지기 | 스트라이크에서 볼을 던지는 제구 | 거리를 이미지한다 |

출처 : 스포츠닛폰

## ?! 만다라트의 장점 3가지

만다라트의 장점은 무엇일까? 3가지로 장점을 간추려 보았다.

첫째, 한 페이지로 내용을 볼 수 있다. 생각정리 도구에 있어서 수많은 아이디어를 한 페이지로 볼 수 있다는 것은 참으로 중요한 요소이다. 만다라트는 종이에 가로·세로 9칸씩 모두 81칸의 사각형을 그리는 데서 시작하며, 완성되면 모든 내용을 한눈에 살펴볼

생각정리스킬

수 있다.

둘째, 틀에 공백을 메우고 싶은 심리가 작용한다. 만다라트는 아이디어 발상도구로도 많이 활용되는데, 그 이유는 빈 칸의 공백을 메우는 과정에서 다양한 아이디어가 나오기 때문이다. 따라서 만다라트는 생각이 멈춰 있는 상태에서 활용하면 생각이 활성화되는 효과를 볼 수 있다.

셋째, 구체적이고 논리적으로 생각을 정리할 수 있다. 만다라트는 중심토픽을 적는 칸, 주요토픽을 적는 칸, 하위토픽을 적는 칸으로 분류되어 있어 내용을 기입하는 동시에 자연스럽게 논리체계가 생긴다. 또한 세부적인 내용을 적는 과정에서 생각이 구체화된다.

오타니 쇼헤이는 만다라트에 계획을 세우면서 목표를 이루기 위한 과정과 자신의 꿈에 대해 진지하게 생각했을 것이다. 그리고 만다라트 한 장에 기록한 작은 목표를 하나씩 이루어가며 결국 큰 꿈을 이루게 된 것이다. 이처럼 당신도 만다라트를 활용하면 머릿속에 있는 생각을 정리하고 계획하여 실천에 옮길 수 있다. 만다라트는 당신의 생각을 스마트하게 정리해주는 강력한 도구가 될 것이다.

**?! 만다라트를 사용하는 방법**

만다라트를 그리는 방법은 간단하다. 맨 가운데 사각형에 생각하고자 하는 주제를 적는다. 그것을 둘러싼 8칸에는 그 생각에 대한 핵심 키워드를 써본다. 그리고 8개의 핵심 키워드를 그 주변으로 확장해 그것을 둘러싼 각각의 8칸에 핵심 키워드에 대한 세부 실천내용을 나열한다.

### 1) 중심토픽

중심토픽에 핵심 아이디어를 적는다. 해결해야 할 핵심 문제 및 목표가 무엇인지 생각하자. 예를 들어 '5년 안에 부자되기'라는 주제를 설정했으면 중심에 이와 같은 제목을 적는다.

### 2) 주요토픽

주요토픽에는 세부내용을 적는다. 5년 안에 부자가 될 수 있는 방법을 8개의 칸에 하나하나씩 칸을 채워 나간다. 저축, 주식, 부동산, 투자, 사업, 빌딩 구매, 몸값 올리기, 습관 만들기 등 생각을 적는다.

| 저축 | 주식 | 부동산 |
|---|---|---|
| 투자 | 5년 안에 부자되기 | 습관 만들기 |
| 빌딩 구매 | 몸값 올리기 | 사업 |

### 3) 하위토픽

하위토픽에는 실천방안 또는 세부 아이디어를 적는다. 하위토픽의 내용은 구체적일수록 좋다. 예를 들어 5년 안에 부자되기 중 습관 만들기에 대해서는 다음과 같은 아이디어를 적을 수 있다. 저축하는 습관, 독서하는 습관, 운동하는 습관, 신문 보는 습관, 경제신문 관심 갖기, 아침에 일찍 일어나기, 긍정적인 생각하기 등을 적는다. 그리고 나머지 칸을 모두 완성해 본다.

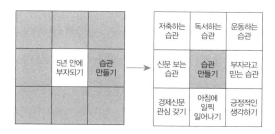

### 4) 우선순위

끝으로 우선순위를 기록하여 무엇부터 실행에 옮길지 결정한다. 부자가 되는 습관을 만들기 위해서 ① 부자라고 믿는 습관 ② 저축하는 습관 ③ 경제신문 관심 갖기 ④ 독서하는 습관 ⑤ 긍정적인 생각하기

⑥ 운동하는 습관 ⑦ 아침에 일찍 일어나기 ⑧ 신문 보는 습관의 순으로 순서를 정했다. 이처럼 우선순위를 정하면 어떤 순서로 행동을 할 것인지 결정이 된다.

### ?! 만다라트, 언제 사용할까?

만다라트는 하나의 주제에 대해 여러 가지 아이디어를 떠올리고 구체화하는 데 큰 도움이 된다. 만다라트는 목적에 따라 업무나 학업 그리고 일상에서 다양하게 사용할 수 있다는 장점이 있다. 그렇다면 만다라트를 언제 사용하면 좋을까? 다음 내용을 살펴보고 당신에게는 언제 어떻게 적용할 수 있는지 그 이유와 함께 적어보자.

| 다이어트 계획 세울 때 | 한 해, 한 달, 일주일 목표 세울 때 | 해야 할 일 떠올릴 때 |
|---|---|---|
| 공부 계획 세울 때 | 예) 만다라트는 언제 사용할까? | 콘텐츠 소재 찾을 때 |
| 프레젠테이션 준비할 때 | 아이디어 구상할 때 | 쇼핑하러 갈 때 |

| | | |
|---|---|---|
| | | |
| | 나는 언제 만다라트를 사용할까? | |
| | | |

# 03

# 마인드맵

**?!** **토니 부잔의 마인드맵**

생각정리 도구로 가장 유명한 도구는 마인드맵(Mind Map)이다. 마인드맵은 '생각의 지도'라는 뜻으로, 업무·학습·일상에서 유용하게 사용할 수 있는 전뇌 사고기법이다. 마인드맵을 세상에 처음으로 알린 창시자는 토니 부잔(Tony Buzan)이다. 그는 각종 저서와 영상을 통해 우리나라에 대한 각별한 애정을 드러냈다.

> "안녕하세요. 제 이름은 토니 부잔입니다.
> 제 이름인 토니 부잔은 사실 한국과 관련되어 있는데요.
> 제 옛날 선조께서 한국의 부산에 계셨습니다.
> 그러니 예전의 저는 한국인이었을지도 모릅니다."

토니 부잔이 마인드맵을 창시한 이유는 무엇일까? 부잔이 1960년 대 브리티시 컬럼비아대 대학원을 다닐 때였다. 학습량은 점점 많아지고 학습은 더 열심히 하는데 학습효율이 좋아지지 않았다. 이 문제점을 어떻게 해결할 수 있을까 고민하다 두뇌 연구를 시작했다. 그는 인간 두뇌의 종합적 사고를 가로막는 이유가 직선적 사고와 전형적 노트방식의 단점 때문이라는 것을 발견했다. 잠시 다음의 글을 읽어 보고 전형적 노트방식이 어떤 문제가 있는지 살펴보기로 하자.

청소년의 특성은 크게 지적 특성과 정의적 특성으로 구분될 수 있다. 지적 특성은 청소년 개인이 지도 장면에 끌려 들어오는 지적 성질을 띤 과거 학습의 누적적 총체를 지칭한다. 이 속에는 지능, 적성, 인지양식, 선행학습 등이 포함된다. 정의적 특성은 지적 특성보다 정의하기 훨씬 어려운 복합개념이다.

〔출처〕《청소년지도방법론》이복희 공저

내용의 핵심이 한 번에 보이는가? 아니면 핵심을 찾기 위해 여러 번 읽어 보았는가? 짧은 문장이었지만 가려진 핵심어를 찾는데 시간 낭비를 가져왔을 것이다. 중요한 사항은 핵심어에 의해 전달되지만 전형적 노트방식의 기록은 핵심어가 보이지 않는다. 이것은 두뇌가 핵심 개념들을 적절히 연합시키려는 작용을 방해하고 그 결과 창의력과 기억력을 저하시키는 방향으로 작용하게 하기 때문이다. 또 단색으로 쓰여진 노트는 시각적으로 지루함을 주기 때문에 뇌가 거부반응을 보이고 기억에서 쉽게 사라지게 된다. 게다가 지식을 구조적으로 한눈에 살펴볼 수 없고 두뇌에 창의적 자극을 주지 못한다. 결국 자신의 정신적 능력에 대한 자신감을 잃게 되고 학습의욕을 상실하게 된다.

반면 마인드맵을 활용하면 중심과 핵심 내용을 한눈에 파악할 수 있고 전체상 구조를 볼 수 있으며 자연스럽게 기억력을 높일 수 있다. 다음은 마인드맵으로 위의 내용을 정리해 본 것이다.

어떠한가? 마인드맵으로 구조화해서 보니 청소년의 특성이라는 핵심 주제가 보이고 지적 특성과 정의적 특성이 구분되어 명료하게 내용이 전달되는 것을 알 수 있다. 인간의 두뇌는 생각의 흐름이 중심에서 사방으로 발산되어 퍼져 나오거나, 반대로 사방에서 중심으로 흘러가는 방사구조 형태를 지닌다. 마인드맵은 이러한 인간 두뇌의 자연현상인 방사사고(Radiant Thinking)를 표현한 것이다. 일찍이 두뇌를 가장 잘 활용했던 레오나르도 다빈치는 "모든 사물은 서로 연결되어 있다는 사실을 기억하라"고 말했는데, 마인드맵은 그 말에 가장 적합한 이론이라 할 수 있다.

방사구조는 인간의 생각뿐만 아니라 인체와 자연 속에서도 발견할 수 있다. 생각은 직선적이고 병렬적인 것이 아니라 방사형으로 자라는 것이다. 마치 나무줄기에서 가지가 이곳저곳 사방으로 뻗쳐나가듯이 우리의 생각도 자라난다. 그리고 이런 자연스러운 생각의 흐름에 따라 기억도 저장된다. 이것을 토대로 토니 부잔은 마인드맵을 고안해 낸 것이다.

### ?! 마인드맵을 그리는 방법

지금부터는 마인드맵을 그리는 방법을 살펴보자. 마인드맵은 간단한 준비물과 규칙만 알고 있으면 누구나 쉽게 따라할 수 있다.

**1) 마인드맵 준비하기 : 3가지 준비물**
마인드맵을 그리기 위해서는 3가지 준비물이 필요하다. 당신의 아이디어, 흰색 바탕의 종이, 3색 볼펜을 미리 준비하자.

**2) 마인드맵 시작하기 : 종이방향 (세로가 아닌 가로로)**
마인드맵을 그리기 위해서 종이 방향은 세로로 놓을까? 아니면 가로로 놓을까? 정답은 가로이다. 그 이유는 방사형 사고를 하기 위해서이다. 앞서 설명을 했지만 방사형 사고란 직선적 사고의 반대개념으로, 중심에서 바깥으로 뻗어나가는 사고방식을 말하며 우리의 좌뇌와 우뇌를 균형 있게 사용할 수 있게 한다.

**3) 마인드맵 그리기 : ① 중심토픽 ② 주요토픽 ③ 하위토픽**
마인드맵을 그릴 때는 중심토픽부터 꼬리에 꼬리를 물고 가지를 쳐나간다. 가지는 시계방향으로 그리면 되고, 가지의 굵기는 중심과 가

까울수록 선을 굵게, 멀어질수록 선을 얇게 그리면 된다. 3색 펜을 준비했으니 가지마다 색상을 달리 구분한다면 보기에도 편하고, 기억도 오래 남을 것이다.

① 중심토픽

마인드맵은 중심토픽에서부터 시작된다. 중심토픽은 맵의 주제가 되는 생각이다. 종이 중앙에 500원짜리 크기로 핵심 이미지나 핵심 단어를 쓰면 된다. 가장 기본적인 예로 '자기소개' 마인드맵을 그려보자.

② 주요토픽

이제 주요토픽을 생각해볼 차례이다. 주요토픽이란 중심토픽을 분류할 수 있는 핵심 키워드다. 여기서는 '자기소개'를 분류할 수 있는 핵심 키워드가 무엇인지를 생각해야 한다. 자기소개에 들어가는 핵심 키워드는 '취미' '특기' '좋아하는 음악' 등이 있다.

③ 하위토픽

이제 하위토픽으로 이어나가야 한다. 하위토픽이란 주요토픽에 대한 세부내용이다. 꼬리에 꼬리를 물고 관련된 키워드나 이미지를 계속해서 그려나가자.

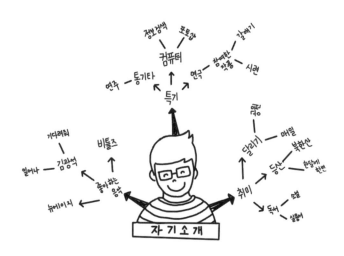

④ 퀘스천맵 적용하기

마인드맵을 그렸는데도 불구하고 여전히 생각이 정리되지 않는가? 그렇다면 139쪽으로 가서 퀘스천맵을 적용하여 생각하는 방법을 살펴보자.

**?! 마인드맵의 효과와 한계**

마인드맵을 그리는 동안 손과 눈이 발달하여 두정엽과 후두엽이 발달하고, 마인드맵을 완성하는 과정에서 장기기억으로 발전하기 때문에 기억력을 관장하는 측두엽을 사용하게 되며, 구조화를 시키면서 정리하기 때문에 전두엽이 발달한다. 따라서 마인드맵은 우리 뇌를 총체적으로 사용하는 두뇌 트레이닝의 최적의 방법이다.

하지만 이런 마인드맵도 몇 가지 한계가 존재한다. 우선 손으로 그리는 마인드맵은 수정·이동·삭제와 같은 편집이 어렵다. 우리의 생각은 끊임없이 변화하고 움직이는데 한 번 작성한 마인드맵은 고치기가 어렵다. 게다가 생각은 무한히 확장되는 반면, 마인드맵을 그릴 수 있는 지면은 한정되어 있다. 이 문제를 극복할 수 있는 대안으로 디지털 마인드맵이 개발되었다.

## ?! 디지털 마인드맵

디지털 마인드맵은 마인드맵을 웹 기반, PC, 모바일 등 디지털로 구현한 것을 말한다. 디지털 마인드맵의 장점은 컴퓨터로 생각을 정리할 수 있기 때문에 시간이 단축되고, 수정과 삭제 등 편집이 자유자재로 가능하다. 또 오피스 프로그램과 호환이 자유롭고 공유할 수 있다는 장점이 있다. 디지털 마인드맵은 다음과 같이 다양한 프로그램이 존재하는데, 각자 본인에게 맞는 프로그램을 사용할 것을 권장한다.

| 구분 | 프로그램(소프트웨어) |
|---|---|
| 웹 기반 | OKmind, 마인도모, 마인드마이스터, Mind Manager, Mind 42 |
| PC 소프트웨어 | XMind, FreeMind, 컨셉맵, 컨셉리더 |
| 모바일 | iThoughtsHD, I Mind Map, MindNode, Tingking Sapce, Mind Map Memo |

디지털 마인드맵은 수많은 정보를 처리하고 요약·정리하는 효과적인 생각정리 도구이다. 빌 게이츠는 《미래의 새로운 길》에서 "앞으로는 디지털 마인드맵과 같은 인공지능 소프트웨어가 단순한 정보를 유용한 지식으로 바꿔주게 될 것이다"고 말한 바 있다.

# 04

## 3의 로직트리

이번에는 생각하고, 정리하고, 말하는 능력을 동시에 향상시킬 수 있는 방법인 '3의 로직트리'를 소개한다. 3의 로직트리는 쉽게 말해 '어떤 주제든 3가지로 요약하고 정리하는 것'을 의미한다.

맥킨지의 문제해결 기법으로 유명한 '로직트리'와 여기에서 소개하는 '3의 로직트리'는 차이점이 있다. 나무에서 가지가 갈라지듯이 생각을 쪼개고 나누며 정리하는 방법은 같지만 '3의 로직트리'는 MECE 사고방식에 집중하지 않고 '3'이라는 숫자가 가진 힘을 활용해 생각을 심플하게 정리하는 방법에 중점을 두고 설명할 것이다(참고로 MECE(Mutually Exclusive Collectively Exhaustive)란 중복되지 않고 누락 없이 분류한다는 로직트리의 기본 사고방식을 말한다).

그 이유는 쉽고 간단하게 복잡한 생각을 정리하는 방법을 소개하는 것이 이번 장의 목표이기 때문이다. 지금부터 숫자 3에 숨겨져 있는 비밀을 살펴보고 '3의 로직트리'를 활용해 생각을 정리하는 방법이 무엇인지 살펴보기로 하자.

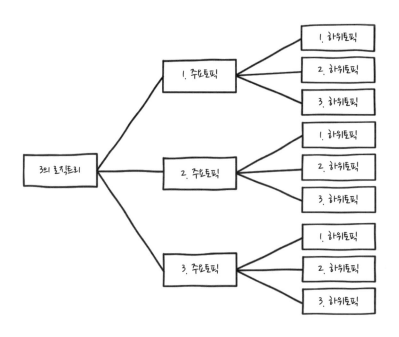

**?!** **숫자 3에 숨겨져 있는 비밀**

우리는 매일 숫자를 접하며 살아가고 있다. 그중에서도 가장 많이 사용하는 숫자는 3이다. 인생은 과거·현재·미래로 구분되고, 하루는 오전·오후·저녁으로 이루어진다. 게임을 할 때도 가위·바위·보를 하고 삼세판으로 결판이 난다. 스포츠 메달은 금·은·동을 준다. 옛 속담에도 3이라는 숫자를 어렵지 않게 발견할 수 있다.

생각정리스킬

"구슬이 서 말이어도 꿰어야 보배다."

"세 살 버릇 여든까지 간다."

"서당 개 삼 년이면 풍월을 읊는다."


숫자 3은 동서양을 막론하고 완벽한 최소 단위를 의미했다. 3은 더하거나 더할 것이 없는 완전함의 가치를 가져 성경과 신화 속에도 자주 등장한다. 단군신화를 보면 환인·환웅·단군이 있어 나라를 열었고, 환인이 환웅을 인간 세상에 내려 보내기 위해 최초로 둘러본 곳 또한 삼위태백이었다. 이때 인간 세상을 다스리라고 내준 것이 천부인(天符印) 3개다. 서양에서도 3이라는 숫자는 완전한 숫자를 의미하는데, 선을 상징하는 1과 악을 상징하는 2가 더해져서 만들어졌다고 생각해 더욱 신성한 숫자로 여겨지게 되었다. 로마시대의 삼두정치, 기독교의 성부·성자·성령, 불교의 삼존불을 보더라도 숫자 3은 오래 전부터 우리의 생활 속에 완전한 숫자로 자리잡고 있음을 알 수 있다.

심리학에서도 숫자 3이 등장한다. 스탠포드대학의 심리학과 필립 조지 짐바르도(Philip George Zimbardo) 교수는 "세 명이 모이면 그때부터 집단이라는 개념이 생기고 하나의 움직임이 된다"고 말했다.

EBS 〈다큐프라임〉에서는 한 실험을 통해 '3의 법칙'을 보여줬다. 많은 사람이 오가는 횡단보도 중간에서 한 남자가 멈춰 서서 뭔가 나타난 듯 손가락으로 하늘을 가리키는 시늉을 한다. 행인들은 아무도 관심을 보이지 않는다. 이번에는 두 사람이 멈춰 서서 하늘에 손가락을 가리키지만 역시 쳐다보기만 할 뿐 크게 관심을 갖지 않는다. 그

"사람들을 동조하게 하려면 몇 명이 모여 행동해야 할까?"

런데 세 사람이 서서 하늘에 손가락을 동시에 가리키자 놀랍게도 지나가는 행인의 80%가 모두 하늘을 쳐다본다.

EBS의 실험이 의미하는 바는 무엇일까? 3의 법칙이 우리의 일상에서 상황을 바꾸는 힘을 지니고 있다는 점이다. 사람이 한두 명일 때는 군중의 반응에 큰 차이가 없지만 3명이 되면 갑자기 동조하는 비율이 급증한다. 세상의 의미 있는 변화는 '나'와 '나의 뜻을 같이하는 두 사람'이 있다면 상황을 반전시킬 변화를 이끌어 낼 수 있다는 것이다.

"Yes, we, can! (그래, 우리는, 할 수 있어!)"
"Change, change, change! (변하자! 변하자! 반드시 변화하자!)"

오바마 대통령이 선거전에서 항상 외치던 말이다. 오바마는 누구보다도 숫자 3을 통해 생각을 전달하는 법을 잘 알고 있었다. 그가 만든 캐치프레이즈는 3가지로 구성된 단순한 말이었지만 각 단어마

생각정리스킬

다 진취적이고 긍정적인 에너지가 가득 담겨져 있다.

그런데 만약 세 단어가 아니라 두 단어만 있었다면 어땠을까? 'We, can!' 리듬감도 없고 뭔가 부족하지 않은가? 반대로 단어가 길었다면 어땠을까? 'Change, Change! Change, Change! Change!' 분명히 사람들의 기억 속에 각인되지 못했을 것이다. 오바마는 세 단어를 외쳤고 유권자들에게 순식간에 확산되어 폭넓은 지지를 얻을 수 있었다.

이처럼 3이라는 숫자는 스피치나 연설 그리고 커뮤니케이션을 할 때 사람의 마음을 움직이는 힘을 가지고 있다. 임팩트 있는 캐치프레이즈를 만들 수 있고, 서론·본론·결론을 활용하여 논리를 구성할 수 있다. 3가지로 요점을 정리하면 상대방에게 논리적으로 생각을 전달할 수 있고, 그 내용이 오랫동안 기억에 남게 된다.

> **"저는 오늘 여러분께 제 인생의 3가지 이야기를 말씀드리고자 합니다.**
> **별 것 아닙니다. 그냥 3가지 이야기입니다."**

애플의 창업자 스티브 잡스의 연설 속에도 3의 비밀이 숨겨져 있다. 그는 2005년 스탠포드대 졸업식 축사에서 인생의 3가지 이야기로 수많은 졸업생들에게 희망과 용기를 주었다.

첫 번째 이야기는 점의 연결에 관한 것이다. 리드 칼리지를 중퇴하게 된 계기, 서체 수업에 청강한 일, 10년 후 매킨토시 설계에서 서체 공부가 도움이 되었던 일 3가지를 연결시켜 메시지를 만들었다.

두 번째 이야기는 사랑과 상실에 관한 것이다. 부모님 차고에서 애

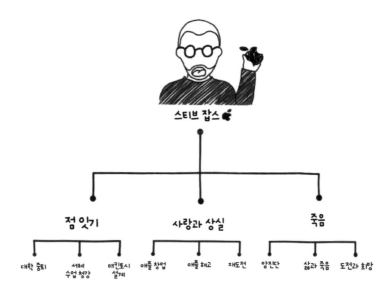

점 잇기 · 사랑과 상실 · 죽음

대학 중퇴 / 서체 수업 청강 / 매킨토시 설계 / 애플 창업 / 애플 해고 / 재도전 / 암진단 / 삶과 죽음 / 도전과 희망

플을 창업한 일, 자신이 설립한 회사에서 해고된 일, 다시 시작하기로 결심하고 도전한 일 3가지를 배합했다.

세 번째 이야기는 죽음에 관한 것이었다. 암 진단을 받은 것, 삶과 죽음에 대한 재조명, 졸업생들에게 전하는 도전과 희망의 메시지를 역시 3가지로 전달한다.

세상을 떠난 잡스의 이야기가 지금까지도 기억되는 이유는 무엇일까? 3의 힘을 사용했기 때문이다. 대부분 훌륭한 연설은 3가지로 이루어진다. 가장 안정적이고 기억하기 좋은 완벽한 구조이기 때문이다.

## ?! 왜 3의 법칙일까?

첫째, 숫자 3에는 '완성'이라는 의미가 담겨 있다. 라틴 명언 중에 '셋으로 이루어진 것은 모두 완벽하다'는 말이 있다. 만물에는 3가지로 완성되는 것이 무수히 많이 존재한다. 우주의 구성은 시간·공간·물질이며, 나무도 뿌리·줄기·잎 3가지로 구성되어 있다. 빛의 삼원색은 빨강·초록·파랑이며, 색의 삼원색은 빨강·파랑·노랑이다. 물체의 상태도 고체·액체·기체 3가지로 완성된다.

둘째, 숫자 3을 강조하면 '임팩트'가 생긴다. 이러한 이유에서 위대한 연설가들은 3의 법칙을 즐겨 사용한다. 에이브러햄 링컨은 게티즈버그 연설에서 '국민의, 국민에 의한, 국민을 위한 정치'를 주장하며 '국민'이라는 단어를 3번 연달아 강조했다. 그 결과 내용이 완전해지고 임팩트가 생겼으며 오랫동안 기억에 남는 명연설이 되었다.

셋째, 숫자 3은 가장 '안정적'이고 '기억'하기 좋다. 내용을 설명할 때 2가지 근거를 말하면 왠지 부족하게 느껴지고 5가지는 복잡해서 기억에 남지 않는다. 반면 3가지는 안정적으로 느껴지며 기억에 잘 각인되는 효과가 있다.

이 책《생각정리스킬》의 제목도 3의 법칙이 적용되었다. 본래 생각정리스킬의 콘텐츠 제목은 '복잡한 생각을 스마트하게 정리하는 방법'이었다. 제목에 핵심은 담겨 있었지만 문장이 긴 탓에 기억하기가 어려웠다. '한 번에 콘텐츠의 핵심을

알 수 있고 오랫동안 기억에 남는 단어 3가지는 무엇인가'를 고민하던 중 번뜩이는 아이디어가 떠올랐다.

'생각정리의 기술'에서 '의'를 빼고 '기술'이라는 단어를 '스킬'로 바꿨다. 3가지 단어로 구성된 '생각정리스킬'은 단순하지만 핵심이 담겨 있었고 길이가 짧아서 기억하기 쉬웠다. 또 생각정리스킬의 '각' '리' '킬'을 입으로 소리 내면 얼굴에 미소를 만들어 제목을 읽을 때마다 긍정적인 생각을 갖게 한다. 이후 생각정리스킬은 생각정리스피치, 생각정리기획력, 독서정리스킬 등 연관 콘텐츠로 확장되었다.

## ?! 머릿속이 복잡할 때에는 3의 로직트리

생각정리가 필요할 때에는 3이라는 숫자를 활용해 로직트리를 그려보자. 사람들은 어렵고 복잡한 일이 생기면 더 많은 생각을 하고 더 많은 고민을 하게 된다. 그래서 해결책을 찾는 경우도 있지만 어렵게 생각하면 할수록 문제는 더 복잡해지고 만다. 그럴 땐 오히려 단순하게 생각하는 것이 지혜다.

3이라는 숫자는 뒤엉킨 생각을 일목요연하게 정리해준다. 3의 로직트리는 What tree, Why tree, How tree 3가지가 있다. What → Why → How 순서대로 생각을 정리한다면 문제의 구성요소를 파악하고 문제에 대한 원인을 분석한 뒤 해결책을 찾는데 도움이 될 것이다. 그럼 어떻게 3의 로직트리를 활용하는지 방법을 살펴보고, 실생활에서 어떻게 적용하는지 사례를 보자.

## 1) What tree – '무엇?' 구성요소를 분해하자

'무엇?'이라는 질문을 던지며 구성을 파악하고 구체적으로 생각하는 방법이다. 구성을 파악하는 과정에서 문제에 대한 전체상을 구체화시킬 수 있다. '무엇?'이라는 질문을 던지며 문제에 대해 3가지 구성을 파악하고, 이어서 세부 구성요소 3가지를 추가적으로 생각해 보자.

　예를 들어 '나의 고민'이라는 주제로 What tree를 만들어보자. 일단 고민이 무엇이 있는지 3가지를 나열한 뒤 구체적으로 어떤 고민인지 3가지를 적는다.

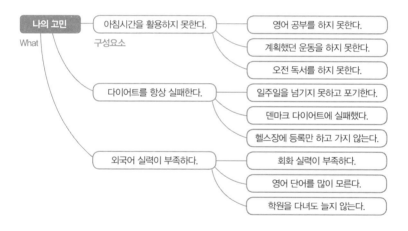

## 2) Why tree – '왜?' 원인과 이유를 생각하자

하나의 문제에 대해 '왜?'라는 질문을 던지며 근본원인을 찾아가는 방법이다. 질문을 던지는 과정 중에 막연하게 생각했던 문제에 대해 깊이 숨어 있는 근본원인을 찾을 수 있다. 문제에 대해 3가지 원인을 생각해 보고 이어서 세부 원인 3가지를 추가적으로 정리해 보자.

앞에서 고민 중 하나인 '아침시간 활용을 실패하는 원인 3가지'를 생각해 보자. 그다음 3가지 원인에 대한 구체적인 원인을 3가지씩 분석해 본다.

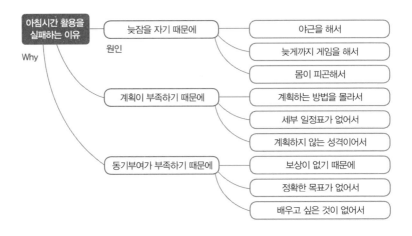

### 3) How tree – '어떻게?' 해결방안을 생각하자

'어떻게?'라는 질문을 던지며 문제의 해결책을 찾아가는 방법이다. 해결방안을 찾는 과정 중에서 문제를 해결할 수 있는 좋은 아이디어를 얻을 수 있다. 생각해야 할 내용에 대해 '어떻게?'라는 질문으로 3가지 해결방안을 생각하고, 이어서 세부 해결방안 3가지를 추가적으로 생각해 보자.

앞의 예에서 아침시간을 어떻게 활용할 것인지 3가지 해결방안을 생각해 보자. 그다음 해결방안에 대한 세부 방안을 3개 더 정리한다.

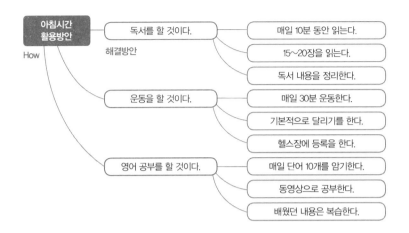

### ?! 면접관을 사로잡는 자기소개 비법

대학입시뿐만 아니라 회사에 취업을 할 때도 자기소개서의 중요성이 날로 커지고 있다. 어떻게 해야 효과적으로 자기소개를 할 수 있을까? 자기소개를 할 때 자신의 강점을 3가지로 정리해서 말할 수 있다면 상대가 나에 대해 긍정적으로 인식하고 기억할 수 있을 것이다. 자기소개를 하는 3가지 방법을 살펴보고, 생각정리클래스 서포터즈의 사례를 보자.

### 1) 3가지 핵심 키워드를 생각한다

정해진 시간 내에 생각을 전달하려면 핵심 키워드를 생각해야 한다. 자신의 강점을 3가지로 요약하여 핵심 내용만 전달한다.

## 2) 짧고 간결하게 말한다

똑같은 내용을 반복해서 말한다면 듣는 사람이 지루할 뿐더러 두서 없는 사람으로 보일 수 있다. 자기소개는 간단명료하게 하자.

## 3) 숫자를 붙여 말한다

면접을 볼 때에는 하고자 하는 말에 숫자를 붙여주는 것만으로도 논리적으로 말하는 것처럼 느껴진다. 먼저 "저의 장점은 3가지입니다" 라고 큰 범위를 말한 뒤 '첫째, 둘째, 셋째'를 붙여 이야기하자.

[자기소개서 작성사례] 생각정리클래스 서포터즈 1기 원주영 님

안녕하십니까? 귀사에 지원하게 된 높은 꿈과 깊은 열정을 지닌 지원자 원주영입니다. 저의 준비된 경쟁력은 3가지가 있습니다.

첫째, 저는 다양한 홍보 및 마케팅 경험이 있습니다. 국내외 업체와 많은 커뮤니케이션이 이루어지는 이 분야에서 이는 큰 장점으로 작용할 것을 확신합니다. 마케팅 MD로 근무했을 당시, 아이템별로 다양했던 국내 협력업체와의 수많은 미팅을 진행하면서 효율적인 업무처리 방식과 전달방식을 배울 수 있었습니다.

둘째, 저는 매 순간 탁월함을 추구합니다. 작은 일도 마다하지 않고 언제나 필요한 인재가 되고자 노력하고 있습니다. MD 인턴시절 매일 1시간 일찍 출근했고, 매일 업무일지를 작성하면서 조금 더 꼼꼼하게 업무에 임했습니다. 또 고객맞춤 홍보전략으로 브랜드 인지도 상승효과 및 매출상승에 기여한 경험이 있습니다.

셋째, 빠른 적응력과 긍정적인 시선으로 제 주위에는 항상 웃음소리

가 넘치는 편입니다. 이는 자연스럽게 '좋은 일 있으면 같이 웃어요'라는 식의 관심을 끌었고, 밝아지는 팀 분위기 속에서 업무 효율성이 높아져 '오늘의 미소지기'로 뽑히기도 했습니다. 또한 새로운 판촉활동을 위한 아이디어를 제시하여 영업이익에 반영되는 것을 보고 보람을 느꼈습니다.

'우공이산'이라는 말이 있듯, 작은 일에도 정성을 다해 큰 뜻을 이루는 것과 같이 초지일관의 믿음직한 모습으로 성실하게 노력하여 함께 성장하는 진정한 협력자가 되고 싶습니다. 감사합니다.

## ?! 회사에서 인정받는 E-Mail 작성법

이메일은 직장생활에서 가장 많이 쓰이는 커뮤니케이션 수단이다. 원활한 소통을 위해 비즈니스 메일은 핵심을 요약하여 쓰는 것이 좋다. 한 가지 사례를 들어보겠다. 수정 전 이메일은 내용을 나열한 것이며, 수정 후 이메일은 3가지로 요점을 구분하여 내용을 정리한 것이다.

### 1) 수정 전 메일 : (제목) FFT 출장 요청

안녕하세요. 김진우 차장님. 본사 가전수출팀 박수철 과장입니다.

지난 달 차장님께서 본사 방문할 때 설명드렸던 World IT Expo FFT 행사에 시장 트렌드 확인 및 신규 파트너 발굴을 위해 당사 핵심

고객사인 A-Tech의 김우빈 팀장님과 동반 출장 예정입니다. 격무로 바쁘실 텐데, 일정이 얼마 남지 않은 상황에서 긴급하게 요청드려 죄송합니다. 무엇보다 행사기간 중 행사장 주변 숙소가 부족할 수 있으니, 3/23~25 동안 S호텔 3박 예약과 A-tech와 동반 출장인 만큼 출장 전 일정 차량지원도 부탁드립니다. 또한 3월 23일부터 3월 24일까지 Expo 행사 참석 이후 지난 분기에 CXT-3 10만대를 구매한 PJH의 판매현황 및 VOC의 입수를 위해 3월 25일 오후 미팅 Arrange 필요하며 확정되는 대로 바로 회신 부탁드리겠습니다.

추신 : 최민수 주임은 3/22 출발 3/26 복귀하는 ICN → FFT 국제선 항공권 일정 확인 부탁합니다.

감사합니다.

박수철 배상


이처럼 내용을 길게 늘어놓으면 이메일을 받는 사람이 핵심을 파악하고 정리하는 데 시간이 걸린다. 좋은 이메일은 읽고 나서 이해하는 것이 아니라 보는 즉시 알아볼 수 있어야 한다. 상대가 알아보기 쉽게 하기 위해서는 메일 첫머리에 핵심 내용을 기입하고, 요점을 3가지로 구분하여 설명해야 한다. 항목으로 분류를 하면 전체 내용을 이해하기가 쉽다. 다음은 3의 로직을 활용하여 이메일 내용을 정리한 것이다.

## 2) 수정 후 메일 : (제목) FFT 출장 요청

안녕하세요. 김진우 차장님. 본사 가전수출팀 박수철 과장입니다. 격무로 바쁘실텐데 금일 급하게 결정된 FFT 출장 건으로 연락을 드려 마음이 무겁습니다. 출장 관련 상세내역을 3가지로 요약하여 보내드리니 참조 부탁드립니다.

1) 출장배경
(1) 금일 당사 핵심 파트너 A-Tech의 CTO인 최우진 상무님과 월례 미팅 중, ICT 분야 신규 사업개발 목적으로 FFT에서 열리는 World IT Expo 출장 제안
(2) 본사 정우현 해외사업 본부장님께서 A-Tech와의 사업 시너지를 위해 출장 결정

2) 출장개요
(1) 일정(미확정) : 3/22(월)~3/26(금)
 ※ 출국/귀국 항공편 확인 후 상세 일정 전달 예정
(2) 출장자
 – 김우빈 팀장 : 당사 핵심 파트너 A-Tech의 팀장
 – 박수철 과장

3) 요청사항
(1) 호텔 예약 – S호텔 3/22~3/25 (4박)

※ 행사기간 중 주변 숙소 부족할 수 있으니 빠른 예약 필요

(2) 차량 지원 – 당사 핵심 파트너인만큼 전 일정 법인차량 지원

(3) 통역 지원 – Expo 참관시 원활한 미팅 위해 통역 필요

감사합니다.

박수철 배상


지금까지 복잡한 생각을 정리해 주는 도구 4가지를 배웠다. 생각 정리에 있어서 가장 중요한 것은 습관이다. 만다라트, 마인드맵, 디지털 마인드맵, 3의 로직트리를 상황과 목적에 맞게 자주 활용하며 완전히 본인의 것으로 만들기를 바란다.

# 단순한 생각을 아이디어로 기획하는 방법

# 01

# 기획은 곧
# 생각정리다

**?!** 내일까지 아이디어를 가지고 오라고?

아침 10시 30분 회의가 시작되었다. 좀처럼 진도가 나가지 않는 회의시간이 지루하기만 하다. 서로를 멀뚱멀뚱 바라보기만 할 뿐 적극적으로 의견을 내는 사람이 없다. 한편 두 사람은 의견이 맞지 않아 큰소리로 각자의 주장을 내세우고 있다. 급기야 회의실 분위기가 싸늘해진다. 묵언수행을 하던 당신이 드디어 말을 할 차례가 되었다. 머릿속에 잡다한 생각은 많지만 쓸 만한 게 없다. 모든 사람이 당신을 쳐다본다. 식은땀이 흐르고 얼굴이 붉어진다. 무엇부터 어떻게 말해야 할지 몰라 망설인다. 잠시 정적이 흐른다. 쥐구멍이라도 들어가고 싶은 심정이다. 사람들의 따가운 눈초리가 느껴진다. 두서없이 떠오르는 대로 생각을 이야기한다. 역시나 만족스럽지 않은 반응이다.

"내일까지 아이디어를 가지고 오세요."

회의를 마친 당신은 내일까지 아이디어를 찾아 한 페이지 기획서로 작성을 해야 한다. 하지만 어떻게 해야 할까? 방법을 모르는 당신은 언제나 이 상황이 막막하다. 직장생활을 하고 있지만 사실 기획의 '기(企)' 자도 제대로 모르고 있다. 어디서부터 시작을 해야 할까?

## ?! 기획이란 생각을 정리하는 활동이다

가장 먼저 해야 할 것은 바로 기획에 대한 개념을 바로잡는 것이다. 개념을 모르면 개념 없는 사람이 되기 때문이다. 반면 개념을 정확히 알면 방법도 어렵지 않게 찾을 수 있다.

회사에서 기획을 강조하는 이유는 무엇일까? 기획을 통해 수많은 문제를 해결하고 더 좋은 기회를 창출할 수 있기 때문이다. 기업(企業)이라는 말 자체가 기획(企劃)을 업(業)으로 삼는다는 뜻이기도 하다. 그러다 보니 회사에서는 매일같이 수많은 기획이 진행된다. 마케팅 기획, 홍보 기획, 교육 기획, 행사 기획, 프로젝트 기획 등 기획은 왜 이렇게 많은지…. 그렇다면 기획이란 무엇일까? 수강생들에게 "기획이란 무엇일까요?"라고 질문하면 다양한 답변이 돌아온다.

"큰 그림, 전략적으로 생각하는 것, 문제해결, 아이디어 …"

모두 틀린 말은 아니지만 명쾌하지는 않다. 보통 개념을 잡을 때에는 한자의 뜻을 풀이해 보는 것이 도움이 된다. 수천 년의 역사 속에서 상형과 조합의 원리에 따라 만들어진 한자에는 종종 감탄할 만한 세상의 이치가 들어있기 때문이다. 그렇다면 기획을 풀이해 보자.

> 기획(企劃) = 바랄 기(企) + 그을 획(劃)
> 바랄 기(企) = 사람 인(人) + 그칠 지(止)
> 그을 획(劃) = 그림 화(畵) + 칼 도(刀)

기획(企劃)은 바랄 기(企)와 그을 획(劃)으로 이루어져 있다. 여기서 바라는 것을 긋는다는 것이 무엇일까? 단어가 잘 이해되지 않을 것이다. 바랄 기와 그을 획을 한 번 더 쪼개보자.

바랄 기(企)는 사람 인(人)과 그칠 지(止)로 이루어져 있다. 사람이 길을 걸어가다가 멈춰 선 이유는 무엇일까? 기(企)의 '바란다'는 뜻과 연관을 짓는다면 무엇인가 바라고 원하는 생각이 떠올랐기 때문이다. 즉, 기(企)에는 '생각'이라는 의미가 담겨 있다.

그리고 그을 획(劃)을 살펴보자. 그을 획은 그림 화(畵)와 칼 도(刀)로 이루어져 있다. 왜 그림이 들어가 있을까? 우리는 생각을 흔히 그림이라고 비유한다. '머릿속에 그림을 좀 그려봐'라는 뜻은 '생각을 해보자'는 의미이다. 그림은 곧 생각이다. 그렇다면 그림(畵) 옆에 칼(刀)이 있는 이유가 무엇일까? 머릿속으로 큰 그림을 그렸다고 할지라도 그 생각을 모두 사용할 수는 없다. 칼(刀)로 불필요한 부분을 다듬어야 한다. 기획자에게 있어서 칼은 무엇일까? 바로 질문이다. 질문은 생각을 정리해 주는 역할을 하기 때문이다. 즉, 그을 획은 '정리'라는 의미이다. 한마디로 기획(企劃)이란 바라고 원하는 생각을 정리하는 활동이다. '기획'은 곧 '생각정리'다.

> "기획이란 바라고 원하는 생각을 정리하는 활동이다."

## ?! 기획과 계획의 차이

### 1) 기획과 계획

기획과 계획은 분명한 차이가 있음에도 불구하고 많은 사람들이 헷갈려 한다. 기획을 잘하기 위해서는 2가지 의미를 구분해서 이해해야 한다. 공통점은 '기획'과 '계획' 두 단어 속에 획(劃)이 있다는 것이다. 획(劃)에는 그림(畵)이 들어있다. 어떤 그림일까? 결론부터 말하면 '기획'은 큰 그림이고 '계획'은 세부적인 그림이다. 기획은 전체(What)를 포괄하는 생각이고, 계획은 어떻게(How) 할 수 있는지에 대한 세부적인 생각이다. 건축으로 비유하자면 기획은 설계도이고 계획은 일정표다. 기획과 계획의 개념을 정리하면 다음과 같다.

| 구분 | 공통점 | 차이점 | 육하원칙 | 비유 |
|------|--------|--------|----------|------|
| 기획 | 그림 | 큰 그림 | What | 설계도 |
| 계획 | | 세부적인 그림 | How | 일정표 |

## 2) 문서의 4대 천왕

직장생활에서 가장 많이 쓰이는 문서는 크게 4가지가 있다. 《기획서 마스터》의 저자 윤영돈 코치는 이것을 '문서의 4대 천왕'이라 부른다. 기획서, 계획서, 보고서, 제안서는 언뜻 보면 비슷해 보이지만 분명 차이가 있다. 개념을 확실히 잡지 않는다면 업무를 할 때 헷갈리는 경우가 종종 발생할 것이다.

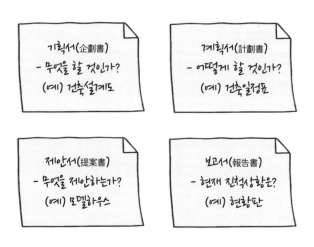

'기획서'에는 무엇을 할 것인가에 대한 내용이 담겨 있으며 건축으로 비유하면 건축설계도와 같고, '계획서'에는 어떻게 할 것인가에 대한 내용이 담겨져 있으며 건축일정표와 같다. '제안서'는 무엇을 제안하는지에 대한 내용이 담긴 문서이며 모델하우스처럼 설득하는 역할이 있으며, '보고서'는 현재 진척상황을 보여주는 현황판과 같다고 이해하면 된다. 이 네 가지 형식에 대한 개념을 분명히 이해하고 있다면 업무를 실수없이 할 수 있을 것이다.

생각정리스킬

기획을 잘하기 위해 알아야 할 단어는 니즈와 원츠다. 니즈와 원츠를 파악하는 것에서 기획이 출발되기 때문이다. 니즈와 원츠의 차이는 무엇일까? 분명히 어려운 단어는 아니지만 비교를 하면 헷갈린다. '니즈(Needs)'는 말 그대로 현재의 필요성이며 '원츠(Wants)'는 미래의 잠재성을 의미한다. 좋은 기획자는 현재의 필요성인 니즈를 파악한 후 미래의 잠재성인 원츠를 파악한다. 예를 들어 함께 길을 걷던 친구가 목이 마르다고 가정해 보자. 목이 마른 상태라는 것을 알아챈 것은 니즈를 잘 파악한 것이고, 그때 상대가 시원한 사이다를 한 잔 먹고 싶은데 물을 건네줬다면 니즈는 파악했지만 원츠는 파악하지 못한 것이다.

| 구분 | 방향성 | 좋은 기획자의 조건 |
|---|---|---|
| 니즈(Needs) | 현재 필요성 | 현재 상황과 필요성을 인식함 |
| 원츠(Wants) | 미래 잠재성 | 미래 상황을 예측하여 잠재성을 파악함 |

"대부분의 사람들은 원하는 것을 보여주기 전까지는
자신이 무엇을 원하는지도 모른다."

잡스는 전화기와 MP3, 인터넷 등 별개로 흩어져 있던 기술을 한곳에 모아 아이폰을 만들었다. 그 위대한 혁신이 있기 전까지만 해도 사람들은 아이폰을 전혀 상상할 수 없었다. 단지 필요하다고 느꼈을 뿐이었다. 아이폰이 세상에 등장하자 사람들은 제품을 사기 위해 몇

날 밤을 새우며 기다렸고, 물건을 구매했을 때 사람들이 했던 말은 모두 같았다.

**"그래 내가 원했던 것이 바로 이거야"**

잡스의 발명품이 위대한 이유는 사람들이 필요했던 것과 원했던 것을 예측하여 제품을 개발했기 때문이다. 이와 같이 니즈와 원츠를 철저하게 분석한 기획이 좋은 기획이라고 할 수 있다. 니즈와 원츠를 분석하여 성공한 사례를 살펴보자.

### 1) 아이들이 손을 씻는 이유

남아프리카공화국에 한 마을이 있었다. 그 마을의 가장 큰 문제는 아이들이 손을 씻지 않는 것이었다. 손에 있는 세균으로 인해 아이들은 질병에 걸리고 그로 인해 사망하는 아이들이 발생했다. 블리키돕포호프라는 비영리단체의 기획자들은 니즈와 원츠를 생각했다.

**"손을 씻게 하는 것도 중요하지만 아이들이 좋아하는 것은 무엇일까?"**

바로 장난감이었다. 그들은 아이들이 좋아하는 장난감을 비누에 넣어서 제작했다. 아이들은 장난감을 갖기 위해 손을 씻었고 그 결과 질병 발생이 무려 70%나 감소했다. 니즈와 원츠를 정확히 분석한 것이다.

생각정리스킬

## 2) 엘리베이터가 빨라진 비결

한 아파트가 있었다. 이 아파트의 문제점은 엘리베이터의 속도가 느리다는 것이었다. 이로 인해 주민들의 불만이 점점 커졌다.

"어떻게 하면 엘리베이터를 빠르게 할 수 있을까?"

엘리베이터를 통째로 바꾸자는 의견도 있었지만 비용이 많이 들고 공사를 하게 되면 그동안은 아예 엘리베이터를 타지 못하게 되어 더 큰 불만이 생길 것이 뻔했다. 기획자는 고민에 고민을 거듭했다.

"사람들이 정말 원하는 것은 무엇일까? 빠른 속도다.
반드시 물리적인 속도여야 할까?
심리적인 속도를 빠르게 하면 어떨까?"

그리고 결국 좋은 아이디어를 생각해 냈다. 엘리베이터에 거울을 단 것이다. 주민들은 엘리베이터가 느린 것에 집중하지 않았고 거울을 보며 시간을 보내게 되었다. 큰돈을 들이지 않고 문제를 해결하게 된 것이다. 니즈를 정확히 분석하고 진짜 원츠를 발견한 결과이다.

## 3) 쓰레기를 수거하는 방법

거리에 쓰레기가 넘쳐나는 도시가 있었다. 사람들은 쓰레기통이 있음에도 불구하고 쓰레기를 길거리에 버렸다. 이 문제를 어떻게 해결할 수 있을까? 나이키는 자신의 브랜드를 홍보하는 동시에 문제점을 해결할 수 있는 좋은 아이디어를 생각해 냈다. 쓰레기통에 나이키 마크가 새겨진 농구 골대를 단 것이다. 쓰레기를 버리는 일 자체를 재미있는 '놀이'로 만들어 쓰레기통에 제대로 쓰레기를 버리게 하는 동기부여를 한 것이다. 그 결과 쓰레기를 손쉽게 수거할 수 있었다. 이처럼 좋은 기획을 하기 위해서는 니즈와 원츠를 파악해야 한다. 원츠는 상대방이 갖고 있는 정확한 욕구를 분석하는 데서 발견할 수 있다.

지금까지 기획에 필요한 중요한 용어를 살펴보았다. 기획과 계획, 문서의 4대 천왕(기획서, 계획서, 제안서, 보고서), 니즈와 원츠의 차이를 알았다면 이제 기획이 어떻게 이루어지는지 기획을 하는 프로세스를 구체적으로 이해해 보자.

# 02

## 기획의 핵심은
## 문제해결

결론부터 말하자면 기획의 핵심은 문제를 해결하는 과정이다.《기획은 2형식이다》의 남충식 저자는 모든 기획의 본질은 '문제를 해결하는 것이다'라며 P(problem)는 S(solution)라고 했다. 이것이 더 이상 뺄 것이 없는 기획의 본질이다. 기획은 주어진 상황에서 문제를 파악하고 현황을 분석하는 데서 시작이 된다.

다음 쪽의 기획 프로세스를 보면 벌써부터 머릿속이 복잡해지겠지만 간단하다. 다시 강조하지만 기획의 핵심은 문제해결이다. 따라서 기획을 잘하기 위해서는 문제가 무엇인지 확실히 찾아야 한다. 기획을 하면서 문제가 무엇인지 모르는 것이 사실은 진짜 문제다. 문제를 명확하게 하지 않으면 기획의 방향성이 무너진다. 그러면 기획은 어떻게 이루어지는지 일상적인 사례와 함께 자세히 살펴보자.

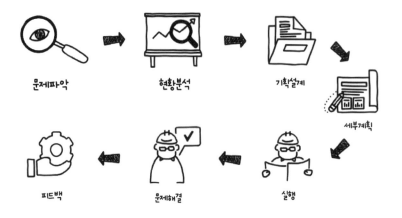

문제파악 → 현황분석 → 기획설계 → 세부계획 → 실행 → 문제해결 → 피드백

### 1단계) 문제파악

당신이 만일 기획을 한다면 가장 먼저 '해결해야 할 문제가 무엇인지'를 파악해야 한다. 문제를 분명하게 볼수록 기획도 날카로워진다.

예를 들어 당신이 다이어트를 해야겠다는 결심을 했다. 그럼, 문제파악 단계에서는 다이어트가 필요한 이유를 생각해야 한다. 문제는 한 번에 알아볼 수 있도록 핵심을 기입하기를 바란다.

**"1개월 동안 급격하게 10kg이 쪘다."**

### 2단계) 현황분석

그다음 문제가 왜 발생했는지 현황분석을 한다. 분석은 다각도로 하는 것이 중요하다. 문제를 해결할 수 있는 혹은 원인을 밝힐 수 있는 다양한 자료를 수집해야 한다. 예를 들어 1개월 동안 급격하게 10Kg이 쪘다고 가정해 보자. 먼저 체중이 증가한 이유가 무엇인지 현황분석을 해야 한다. 구체적으로 분석할수록 해결책도 분명해질 것이다. 3의 로직트리를 이용해 분석해 보자.

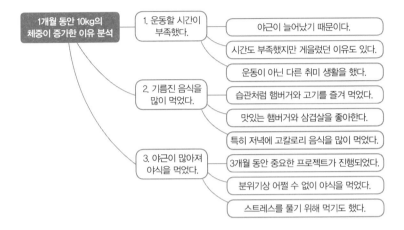

### 3단계) 기획설계

문제파악과 현황분석이 되었으면 이제 기획설계가 이루어져야 한다. 기획설계 단계에서는 목표를 설정하고 어떻게 하면 문제를 해결할 수 있을지 방법을 구체화한다. 여기에서는 '3개월 동안 10kg 감량하기'라는 현실적인 목표를 세웠다.

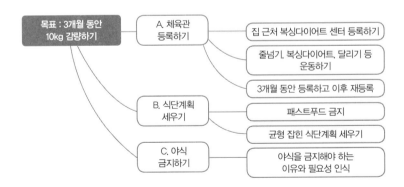

## 4단계) 세부계획

기획 과정을 통해 큰 그림을 그렸다면 이제부터 언제, 어디서, 누가, 어떻게 진행할 것인지 세부계획을 세운다. 세부계획까지 세워졌다면 기획의 설계도라 할 수 있는 한 페이지 기획서를 작성하고 검토해 본다.

## 5단계) 실행

기획서를 바탕으로 내용을 실행한다. 머릿속으로 구상했던 생각들을 실행에 옮김으로써 문제를 해결해 나가고 목표를 달성한다. 끊임없는 피드백이 이루어져야 하며 잘못된 방향은 계속해서 바로잡아야 한다. 다음과 같은 체크리스트를 작성한다면 실행하는 데 도움이 될 것이다.

| 횟수 | 일정 | 운동시간 | 체중(kg) | 체크리스트 |
|------|------|----------|----------|------------|
| 1회 | 1/10 | 19:30-21:40 | 65.2kg | O |
| 2회 | 1/12 | 19:30-21:30 | 65.2kg | O |
| 3회 | 1/13 | 19:30-21:40 | 65.1kg | X |
| 4회 | 1/14 | 19:30-21:50 | 65.1kg | O |
| 5회 | 1/16 | 19:30-21:30 | 64.9kg | O |
| 6회 | 1/18 | 19:30-21:40 | 64.7kg | O |
| 7회 | 1/19 | 19:30-21:50 | 64.7kg | X |
| 8회 | 1/20 | 19:30-21:40 | 64.6kg | O |
| 9회 | 1/21 | 19:30-21:20 | 64.4kg | O |
| 10회 | 1/22 | 19:30-21:40 | 64.2kg | O |

**10kg 감량 다이어트 기획서**

| | |
|---|---|
| 제목 | 10kg 감량 다이어트 기획서 |
| 배경 | 잦은 야간 업무로 인해 운동할 시간이 부족하고 균형 잡힌 식사를 하지 못해 지난 1개월 동안 10kg 체중이 늘었다. |
| 목적 | 3개월 동안 체중이 10kg 감량되기를 바란다. |
| 목표 | 3개월 동안 체육관에 등록하여 운동을 하고 전문가와 상담을 통해 균형 잡힌 식단 계획을 세우고 실천하여 12주차 동안 10kg 감량을 성공할 것이다. |

| 구분 | | 주차 | 세부내용 | 목표치 |
|---|---|---|---|---|
| 계획 | 1개월 | 1주차 | | -3kg 감량 |
| | | 2주차 | | |
| | | 3주차 | | |
| | | 4주차 | 1. 체육관 등록<br>2. 전문가 상담<br>3. 균형 잡힌 식단 계획 및 실천<br>4. 야식 금지<br>5. 주 4회 이상 운동<br>6. 다이어트 관련 서적 읽기<br>7. 성공 사례를 통해 동기부여 | |
| | 2개월 | 5주차 | | -4kg 감량 |
| | | 6주차 | | |
| | | 7주차 | | |
| | | 8주차 | | |
| | 3개월 | 9주차 | | -3kg 감량 |
| | | 10주차 | | |
| | | 11주차 | | |
| | | 12주차 | | |

**제4장** 단순한 생각을 아이디어로 기획하는 방법　　　113

### 6단계) 문제해결(목표달성)

문제해결은 목표달성과 같은 말이다. 만일 당신이 계획한 전략과 방법으로 3개월 동안 10kg의 감량을 성공했다면 그 기획은 성공을 한 것이다. 문제가 해결이 되었기 때문이다. 물론 기획은 우리가 생각했던 것처럼 잘 진행되지 않는 경우가 허다하다. 목표달성이 되는 과정 중에 수많은 장애와 어려움을 만나게 된다. 그때마다 목표를 달성하기 위한 다른 전략을 세워야 한다. 기획의 목표를 완수할 때까지 생각과 행동을 멈추지 말자.

**"복싱다이어트를 통해 3개월 동안 10kg 감량 성공!"**

### 7단계) 피드백

피드백은 기획을 하는 과정에서 기획이 잘 이루어지고 있는지 끊임없이 이루어져야 하며, 기획이 마무리되었다면 성공요인과 힘들었던 점 등을 기록하여 추후에 도움이 될 수 있도록 한다.

| 3개월 다이어트 10kg 성공요인과 힘들었던 점 분석 | |
|---|---|
| 성공요인 | – 복싱다이어트센터 등록 및 전문가와의 상담<br>– 야식과 패스트푸드 음식을 금지했음<br>– 균형 잡힌 식단계획을 세우고 실천했음 |
| 장애요인 | – 회식 자리에서 다양한 유혹이 있었으나 동료들에게 부탁하여 도움을 받아 상황을 극복할 수 있었음<br>– 기초체력 부족으로 복싱다이어트가 3주차까지는 힘들었지만 그 이후부터는 순조롭게 진행되었음<br>– 갑자기 야근이 있는 상황을 줄이기 위해 노력했음 |

지금까지 기획이란 무엇인지 또 기획이 어떻게 진행되는지 프로세스를 이해했을 것이다. 다음 절에서는 기획설계 단계 중에서 아이디어를 발상할 수 있는 방법과 그 도구에 대해 설명하고자 한다.

  머릿속에 있는 생각이 모두 아이디어는 아니다. 아이디어는 생각 중에서도 차별화된 생각, 곧 쓸모 있는 생각을 의미한다. 창의적인 아이디어와 컨셉은 차별화된 기획으로 발전되는 중요한 요인이 된다.

  그럼, 단순한 생각을 아이디어로 발전시키는 방법은 무엇일까? 아이디어가 어떻게 구체화되는지 이제부터 아이디어를 발상하는 도구를 소개하도록 하겠다.

# 03

## 브레인스토밍

아이디어를 발상할 때 가장 많이 사용하는 도구는 브레인스토밍이다. 브레인스토밍(Brainstorming)은 아이디어가 휘몰아친다는 의미를 가지고 있다.

### ?! 브레인스토밍은 누가 왜 만들었을까?

"어떻게 하면 더 좋은 아이디어를 생각하게 할 수 있을까?"

1941년 미국의 광고회사 BBDO의 부사장이었던 알렉스 오스본은 깊은 고민에 빠졌다. 새로운 광고를 제작하면서 광고주의 눈길을 끌 만한 획기적인 아이디어가 떠오르지 않았기 때문이었다. 그는 카피

라이터와 디자이너, 영업담당자들을 모두 회의실로 불러 회의를 시작했다. 당시만 해도 광고업계는 철저한 분업체계로 서로 다른 업무를 담당하는 사람들이 한 자리에 모이는 일은 거의 없었다.

오스본은 새로운 광고 아이디어를 짜내기 위해 회사 내 모든 부서 사람들을 회의에 참여시켜 자유분방한 분위기에서 아이디어 회의를 진행했다. 효과는 기대 이상이었다. 자유롭게 아이디어를 발상하는 과정 중에 개발팀과 거리가 먼 영업담당자가 좋은 아이디어를 낸 것이다. 서로 다른 업무를 하는 사람들이 모이자 새로운 관점의 아이디어가 탄생하게 된 것이다. 아이디어에 살을 붙이는 방식으로 계속해서 아이디어를 확장했다. 오스본은 이러한 회의방법이 효과를 거두자 회사 전체에 적용시켰다. 이 회의기법이 바로 '브레인스토밍'이다.

그럼, 브레인스토밍의 4대 원칙과 회의에 적용할 수 있는 구체적인 방법을 알아보기로 하자.

## ?! 브레인스토밍의 4대 원칙

자유로운 분위기　　　질보다 양　　　비판 금지　　　결합과 개선 새로운 아이디어

## 1) 자유로운 분위기를 유지한다

강압적이지 않게 자유로운 복장과 분위기 속에서 아이디어를 발상할 수 있도록 유도해야 한다. 권위를 내세워 아이디어를 묵살하거나 지나치게 자신의 생각을 주장하는 경우가 없도록 중재자가 잘 이끌어야 한다. 아이디어는 자유로운 분위기 속에서 나오기 때문이다.

## 2) 질보다는 양이 중요하다

많은 아이디어에서 좋은 아이디어가 나온다는 사실을 기억해야 한다. 따라서 아이디어의 좋고 나쁨을 판단하지 말고 일단 많은 양의 아이디어를 발상하는 것이 중요하다. 엉뚱한 내용이 나오더라도 색다른 관점이라고 생각하고 수용하는 자세가 있어야 한다.

## 3) 비판하지 않는다

브레인스토밍은 비판을 금지한다. "'그러나'는 없고 '그리고'만 있다"는 말을 기억하자. 상대방이 어떤 아이디어를 내든지 비판하지 않는다. 비판하고 야유하기 시작하면 아이디어를 내는 사람이 위축되어 발표를 잘하지 못하게 되므로 브레인스토밍의 효과가 사라지게 된다.

## 4) 결합과 개선을 통해 새로운 아이디어를 낸다

수많은 생각을 나열했으면 관련 키워드를 모아 결합을 하거나 개선하여 새로운 아이디어를 내도록 한다. 많은 양 속에 보석과 같은 아이디어가 있다고 생각해야 하며, 당장 좋은 아이디어로 구체화되지

않더라도 결합하는 과정에서 새로운 아이디어가 나온다고 믿어야
한다.

## ?! 브레인스토밍의 인원 구성

브레인스토밍은 회의가 집중될 수 있는 6~12명 정도가 적절하며, 브
레인스토밍을 하기 위해서는 회의를 진행하는 자, 발표를 기록하는
자, 아이디어 발표자가 있어야 한다. 이들은 각각 어떤 역할을 할까?

### 1) 회의 진행자
회의 진행자는 브레인스토밍의 4대 원칙과 회의 효과를 잘 아는 사
람이어야 한다. 개인의 주장을 펼치기보다는 발표자의 의견을 잘 경
청하고 자유롭게 토론할 수 있도록 진행하는 역할을 해야 한다. 모두
가 균형 있게 발언할 수 있도록 중재할 수 있는 능력이 있어야 한다.

### 2) 발표한 내용을 기록할 사람
브레인스토밍은 대화를 통해 이루어지기 때문에 발표 내용을 기록하
는 사람이 필요하다. 기록자는 발언자의 의견을 잘 요약하고 정리하
고 기록할 수 있는 사람이어야 한다. 본인의 해석이나 의견이 들어가
지 않도록 객관적인 입장에서 기록할 수 있는 사람이 담당하면 좋다.

### 3) 아이디어를 발표하는 사람

6~12명이 모여 자유롭게 아이디어를 발표하되 기존의 틀을 벗어나지 못한다면 새로운 인원을 구성하는 것이 좋다. 새로운 인원이 참여하면 새로운 생각이 떠오를 수 있기 때문이다. 발표하는 사람들은 모두 브레인스토밍의 규칙을 숙지해야 하며, 아이디어를 발상하는 과정에서는 상급자가 권위를 내세우지 않도록 노력해야 한다.

### ?! 브레인스토밍의 진행단계

### 1) 오리엔테이션 단계

주제 선정 및 정보를 수집하는 단계이다. 해결해야 할 문제, 달성해야 할 목표, 방법과 해결책 등 구체적인 주제를 정한 뒤 개별 아이디어 목표치를 구체적으로 제시한다. 예를 들어 10분 동안 50개의 아이디어를 자유롭게 떠올려보자는 구체적인 목표를 제시한다.

### 2) 개별발상 단계

브레인스토밍을 진행하기에 앞서 각자가 개인적으로 아이디어를 정리하는 시간이다. 집단 전체가 모여 있는 상태에서 개인별로 아이디어를 자유롭게 떠올려본다. 시간을 정해두고 한정된 시간에서 편안하게 아이디어를 종이나 디지털 도구에 정리할 수 있도록 한다.

생각정리스킬

### 3) 집단토론 단계

아이디어 정리가 완료되었으면 집단토론 단계로 들어간다. 다른 사람의 아이디어만 듣고 자신의 생각은 말하지 않는 무임승차는 적합하지 않다. 또 상급자가 권위를 내세우며 자신의 의견을 주장하지 않도록 한다. 내용을 분류하고 키워드를 새롭게 융합하며 아이디어를 구체화해 간다.

### 4) 평가단계

평가는 집단토론을 마치고 바로 하는 것보다 객관화하기 위해 시간을 두고 진행하는 것이 좋다. 브레인스토밍에서 나온 정보들이 모두 좋은 내용이라고는 할 수 없기 때문에 상급자들이나 선배들에게 자문을 구하며 내용을 검토하기 바란다.

### ?! 브레인스토밍 정리방법

### 1) 마인드맵을 그리자

브레인스토밍을 할 때에는 마인드맵 형식으로 방사형 구조로 생각을 정리하며 꼬리에 꼬리를 물고 생각을 확장시켜 나간다. 마인드맵과 비슷하게 가지를 그리되 마인드맵 규칙에 연연하지 말고 연상기법을 활용하여 자유롭게 내용을 확장해 나간다.

## 2) 포스트잇을 붙이자

브레인스토밍을 할 때는 포스트잇을 사용하면 좋다. 포스트잇은 부
착하고 뗄 수 있다는 특징이 있다. 아이디어를 지면에 기입하면 편집
하기가 어렵지만 포스트잇은 탈부착이 되는 장점이 있어 내용 편집
에 있어서 유용한 도구이다.

## 3) 마인드맵 + 포스트잇

마인드맵과 같이 가운데 구심점을 그려놓고 가지를 그리되 내용은
포스트잇으로 붙이는 방법이다. 포스트잇에 핵심 키워드를 적은 뒤
마인드맵 가지 위에 열매처럼 붙인다. 구조적으로 생각할 수 있는 마
인드맵과 탈부착이 가능한 포스트잇의 장점을 결합한 정리방법이다.

## 4) 디지털 마인드맵

디지털 마인드맵은 디지털 도구(컴퓨터, 스마트폰)가 있어야 한다는 한
계가 있지만 아이디어를 자유롭게 이동·삭제·수정·결합할 수 있다
는 점에서 유용한 도구이다. 특히 진행자가 브레인스토밍을 진행할
때 사용하면 다양한 아이디어를 손쉽게 정리할 수 있다.

# 04

# 브레인라이팅

브레인라이팅은 1968년에 독일의 베른트 로르바흐(Bernd Rohrbach) 교수가 브레인스토밍의 문제점을 극복하기 위해 창안했다. 말이 아닌 글로 아이디어를 표현한다고 해서 '침묵의 브레인스토밍'이라고 부른다.

## ?! 브레인라이팅, 왜 필요할까?

브레인스토밍은 자유롭게 토론하는 과정에서 나온 대량의 아이디어 중에서 질적으로 우수한 아이디어를 찾는 회의기법이다. 그런데 브레인스토밍의 실질적인 효과에 몇몇 심리학자들이 의문을 제기했다.

"나머지 구성원들은 의견을 내기보다
주도자들이 쏟아내는 의견을 머릿속에서
정리하고 받아들이는데 여념이 없습니다."

레이 콤슨 켈로그 경영대학원 교수가 5,700개 학교 및 조직의 브레인스토밍을 연구한 결과 상급자나 1~2명 구성원의 의견이 전체 대화의 60~75%를 차지했다. 폴 팔러스 교수는 "상급자의 의견 혹은 강한 주장을 펼치는 사람의 의견을 듣는 과정에서 자기의 의견을 잊어버리거나 은연중에 하나의 강한 주장에 동조된다"며 "의도했던 것과 정반대로 좋은 아이디어마저 소멸시키는 결과가 많다"고 주장했다. 오히려 홀로 앉아 생각을 정리하고 아이디어를 떠올리는 것이 브레인스토밍을 한 조직보다 아이디어를 42% 더 많이 내놓을 수 있었다는 것이다. 하지만 뛰어난 아이디어는 한 사람의 생각에서 나오는 것이 아니라 함께 만드는 것에는 동의했다.

그렇다면 브레인스토밍의 한계를 극복할 수 있는 대안은 무엇일까? 조용히 생각하되 함께 아이디어를 만드는 '브레인라이팅'이 그 대안으로 제시되고 있다.

### ?! 브레인라이팅의 진행방법

브레인라이팅은 브레인스토밍과 마찬가지로 다양한 아이디어를 제시하는 것은 동일하지만 표현방식이 다르다. 브레인스토밍은 말로 생각을 표현하고, 브레인라이팅은 글로 생각을 표현한다. 따라서 소극적인 사람의 참여를 유도할 수 있고 남 앞에서 발언하기를 꺼려하는 사람이나 이야기 표현에 서툰 사람에게 효과적이다. 또 한두 명의 일방적 주장을 줄일 수 있다는 장점이 있다. 그렇다면 브레인라이팅의 진행방법은 무엇일까?

### 1) 주제 설명하기

진행자는 아이디어를 발상해야 하는 주제에 대해 자세히 설명하고, 회의가 필요한 이유와 어떤 결과를 기대하는지 구체적으로 설명한다. 그다음 아이디어 기록지와 펜과 같은 준비물을 구성원에게 나눠준다.

### 2) 의견 작성하고 전달하기

회의 참가자는 브레인라이팅의 기록지에 있는 양식에 내용을 작성한다. 한 장의 종이에 주제와 관련해 생각나는 의견이나 아이디어를 쓰고 3~5분 후 옆에 있는 참여자에게 기록지를 전달한다.

| 주제 〈어떻게 하면 지각을 하지 않을까?〉 | | |
|---|---|---|
| 1 | 일찍 일어난다. | 벌금을 걷는다. | 수면 음악을 듣는다. |
| 2 | 모닝콜을 해준다. | 벌칙을 만든다. | 상담을 받는다. |
| 3 | 벌칙을 만든다. | 교육을 듣는다. | 모닝콜을 해준다. |
| 해결책 | | | |

### 3) 아이디어 평가하기

아이디어를 교환하고 공유하는 시간을 가진 뒤 자신의 아이디어를 가다듬고 평가하는 시간을 갖는다. 평가는 브레인라이팅 직후에 하는 것이 좋다. 시간이 지난 뒤 다시 고민하면 아이디어를 공유하는 과정에서 뇌에 온 자극이 사라져 효과가 없기 때문이다. 함께 아이디어를 평가하고 좋은 의견을 모아 결과를 도출해 낸다.

| 주제 〈어떻게 하면 지각을 하지 않을까?〉 | | |
|---|---|---|
| 1 | 일찍 일어난다. | 벌금을 걷는다. | 수면 음악을 듣는다. |
| 2 | 모닝콜을 해준다. | 벌칙을 만든다. | 상담을 받는다. |
| 3 | 벌칙을 만든다. | 교육을 듣는다. | 모닝콜을 해준다. |
| 해결책 | 서로 모닝콜을 해주고 지각한 자에게는 벌칙을 준다. | | |

# 05

# 퀘스천맵

퀘스천맵은 '질문의 지도'라는 뜻으로, 육하원칙에 입각해서 생각을 확장하고 정리하는 방법이다. 퀘스천맵은 다양한 생각도구를 활용해도 생각정리가 안 되는 문제점을 해결하기 위해 필자가 개발한 생각도구이다. 또 본질적으로 생각을 자유롭게 하지 못하는 문제점을 해결하기 위해서이기도 하다.

## ?! 질문이 필요한 이유는?

퀘스천맵은 질문이다. 그렇다면 기획에 있어서 질문이 필요한 이유는 무엇일까? 5가지로 정리해 보았다.

첫째, 질문은 멈춰 있던 두뇌를 활성화시킨다. 질문하고 생각을 정리하는 과정에서 전두엽이 활성화되고 아이디어를 발상할 수 있는 질문의 다섯 가지 힘!

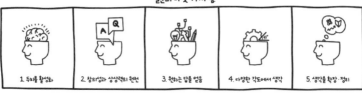

1. 두뇌를 활성화   2. 창의성과 상상력의 원천   3. 원하는 답을 얻음   4. 다양한 각도에서 생각   5. 생각을 확장·정리

창의적인 상태가 유지된다.

둘째, 질문은 창의성과 상상력의 원천이다. 질문으로 세상이 진보했다. 에디슨의 전구도, 아인슈타인의 상대성 이론도, 잡스의 아이폰도 위대한 질문으로 시작된 위대한 결과이다.

셋째, 질문을 하면 원하는 답을 얻는다. 이를 《질문의 7가지 힘》의 저자 도로시 리즈는 '응답반사'라고 했다. 적절한 질문은 당신이 원하는 정보를 얻을 수 있게 해준다.

넷째, 질문은 다양한 각도에서 생각을 하게 해준다. 질문을 바꿔보는 것만으로도 익숙한 사고방식을 벗어나 새로운 관점에서 바라보고 생각할 수 있게 해준다.

다섯째, 질문은 생각을 확장시켜 주고 정리해 준다. 엄청난 양의 정보와 생각을 정리할 수 있는 방법은 질문이다. 질문을 통해 생각을 명료화하고 반대로 구체화할 수 있게 된다.

### ?! 질문력 테스트

아이디어 발상에 있어 질문이 중요한 이유에 대해서는 충분히 이해

했을 것이다. 이제 당신의 질문력이 어느 정도인지 테스트를 한 번 해보자. 방법은 간단하다. 1분 안에 한 가지 주제에 대해 질문을 몇 개나 할 수 있는지를 통해 당신의 질문 수준을 스스로 평가할 수 있다. 다음의 질문력 테스트지에 '마우스'라는 주제로 1분 동안 질문을 던져보자.

| 질문력 테스트 _ '마우스'라는 주제로 1분 동안 질문해 보기! |
| --- |
| |

| 질문력 테스트 결과 | |
| --- | --- |
| 1~3개 | 질문력이 매우 낮은 수준 |
| 4~6개 | 질문력이 보통인 수준 |
| 7~9개 | 질문력이 높은 수준 |
| 10개 이상 | 질문력이 매우 높은 수준 |

강의 중 질문력 테스트를 하면 5% 정도의 인원은 1~3개의 질문을 던지는데, 이는 질문력이 매우 낮은 수준이다. 75% 정도의 인원은 4~6개의 질문을 하며, 이는 보통 수준이다. 그리고 15%가 7~9개 정도 질문을 던지며, 높은 수준이라 할 수 있다. 그리고 그중 5% 정도 인원만 10개 이상의 질문을 한다. 우리는 여기서 질문을 10개 이상 던지는 사람들에 집중해야 한다. 이들에게 어떻게 질문을 했냐고 물어보면 대부분 이와 같은 답변이 돌아온다.

**"일단 궁금한 것을 적었고, 비슷한 내용을 연관지어 질문했습니다."**

질문을 잘하는 사람들에게 직업을 물어보면 평소 아이디어를 많이 발상해야 하는 기획자, 연구원, 디자이너와 같은 직업군에 해당되는 사람들이 많았다. 직업적으로 평소에 질문을 많이 하는 사람들은 대부분 질문력이 높은 수준이었다. 반면 질문력이 평균 이하였던 사람들은 이와 같은 대답을 했다.

**"마우스에 대해 궁금한 게 없었습니다."**

한마디로 '마우스'라는 주제에 대해 관심과 호기심이 없었다. 사실 질문력 테스트를 통해 말하고자 했던 것은 질문의 기술이 있는지에 대한 여부였다. 마우스에 대한 질문을 1분 동안 10개를 하는 것이 중요한 것이 아니다. 주제는 얼마든지 달라져도 된다. 질문의 기술이 있다면 1분 내에 100개가 넘는 질문도 거뜬히 해낼 수 있다.

생각정리스킬

## "100개가 넘는 질문을 할 수 있다고?"

강의 중 이 이야기를 하면 사람들이 모두 믿지 못한다. 만일 1가지 주제를 놓고 100개의 질문을 할 수 있다면 그 사람은 천재이기 때문이다. 천재란 하나를 알려주면 열을 아는 사람들이다. 어떻게 열을 알까? 답은 간단하다. 10가지의 질문을 던질 수 있는 방법을 알기 때문이다.

질문을 자유롭게 할 수 있다는 것은 다양한 각도에서 생각을 할 수 있으며 정보를 처리하는 속도가 남들과 차원이 다르다는 것을 의미한다. 생각은 질문을 통해서 열리며 반대로 질문을 한만큼 생각을 할 수 있다. 천재들은 질문을 자유자재로 사용할 수 있는 것이다. 한마디로 자신의 두뇌를 자유자재로 사용할 수 있다. 흔히 천재들은 호기심이 많다고 한다. 에디슨도 아인슈타인도 스티브 잡스도 모두 호기심이 많은 사람들이라고 한다. 호기심은 곧 궁금함이고, 궁금함은 사전적 의미로 알고 싶어 답답한 마음이다. 왜 답답할까? 그들은 답을 알고 싶어 답답해 하는 것이다.

답을 찾기 위해서는 어떻게 해야 하는가? 질문을 던져야 한다. 한마디로 호기심이 많은 사람들은 당연히 질문이 많을 수밖에 없다. 반면 호기심이 적은 사람들은 질문이 없다. 우리가 천재가 되기 위해서는 질문을 하는 방법을 알아야 한다. 그렇다면 어떻게 1분 이내에 100개 이상의 질문을 할 수 있을까?

## ?! 1분 내에 100개의 질문을?

방법은 간단하다. 기술을 알면 된다. 기술을 알면 누구나 질문을 잘할 수 있다. 안타깝게도 우리는 학교에서 질문하는 방법을 제대로 배운 적이 없다. 주입식·단순암기식 교육을 받으며 정답을 외우는 것이 가장 중요하다고 믿어왔다. 하지만 학습에 있어서도 질문을 하는 방법을 알아야 더 많은 지식을 습득할 수 있다.

호기심-질문-답, 이것이 교육학자들이 말하는 학습의 원형이기 때문이다. 그런데 우리나라는 정반대의 교육을 하고 있다. 질문의 중요성보다는 암기의 중요성을 강조하기 때문에 누구도 질문하는 방법을 제대로 배운 적이 없다.

질문에 대한 책을 보더라도 질문이 만들어지는 기본원리는 명쾌하게 설명되어 있지 않다. 질문의 중요성에 대해 구구절절 설명하거나, 다양한 상황에서 질문을 하는 방법, 또 열린 질문과 닫힌 질문 등의 방법을 제시하지만 '질문이 만들어지는 기본원리'를 설명하고 있지는 않는다.

지금 여기에서 제시하고자 하는 방법은 '질문을 만드는 기본적인 원리'이다. 질문은 기술을 통해 만들어지는 것이다. 패턴을 발견하면 누구나 기술적으로 질문을 할 수 있다. 질문을 잘할 수 있는 비법은 질문이 만들어지는 패턴을 발견하는 데서부터 출발한다. 패턴은 일종의 공식이 된다. 공식에서 다양한 질문이 파생되어 만들어지는 것이다.

질문의 패턴이 무엇인지 궁금하지 않은가? 이번에는 '공책'이라는 주제로 15가지의 질문을 던져보았다. 다음 나열되어 있는 질문의 목록을 보고 어떤 패턴이 있는지 발견해 보자. 다음 장에 있는 답을 먼저 보지 말고, 반드시 당신이 직접 질문의 패턴을 찾기 바란다. 질문이 만들어지는 3가지 키워드를 찾는 것이 힌트이다.

〈질문의 패턴 찾아보기〉_ '공책'에 대한 15가지 질문

1. 공책이란 무엇일까?

2. 공책은 어디에 사용되는 것일까?

3. 공책은 누가 만들었을까?

4. 공책은 얼마일까?

5. 공책의 무게는 어느 정도일까?

6. 공책은 누가 판매할까?

7. 공책은 어떤 것이 가장 예쁠까?

8. 가장 효과적인 공책 사용법은 무엇일까?

9. 공책의 장점과 단점은 무엇일까?

10. 나는 왜 공책을 사용할까?

11. 공책의 종류는 어떤 것이 있을까?

12. 공책을 어디에서 만들었을까?

13. 공책은 어느 나라 제품이 가장 좋을까?

14. 공책이 만들어진 역사는?

15. 필기를 할 때 공책을 반드시 사용해야 할까?

당신은 질문의 패턴을 몇 개나 발견했는가? 3개 모두 발견했는가? 하나라도 발견하지 못했다면 다시 한 번 찾아보기 바란다. 3개 모두 발견한 뒤 다음으로 넘어가서 질문이 만들어지는 패턴에 대해 알아보기 바란다.

## ?! 질문의 공식

결론부터 말하자면 질문의 공식은 주어+'육하원칙'+동사이다. 이것이 바로 질문을 만드는 패턴이다. 물론 여기에서 나오는 주어와 동사는 기억하기 편하도록 사용하는 용어이며 문법 용어가 아님을 참고하기 바란다.

> "공책은(주어) 언제(육하원칙) 사용하는가?(동사)"

기본적으로 육하원칙만 붙여도 즉시 질문을 6개 이상 만들 수 있다.

> "공책은 어디서 사용하는가?"
> "공책은 누가 사는가?"
> "공책은 왜 사는가?"
> "공책은 어떻게 만들었는가?
> "공책은 언제 사용하는가?"

육하원칙이 무엇인가? 사람들이 가장 궁금해 하는 핵심 요소 6가지가 바로 육하원칙이다. 따라서 육하원칙을 도구 삼아 질문을 하면 된다. 기본적으로 질문을 잘하기 위해서는 육하원칙에 익숙해져야 한다. 여기에서 주어를 놓치면 안 되는 이유는 주어에 대한 질문을 해야 하기 때문이다. 주어가 달라지면 질문도 달라진다. 간혹 이런 질문을 한다. 양이 중요합니까? 필자는 훈련을 할 때는 중요하다고 답한다. 왜냐하면 질문을 하게 되면 두뇌의 뉴런을 자극하게 되고 시냅스와 연결되어 뇌가 활성화된다. 최소 10개 이상 질문을 던질 때 뇌가 자극을 받게 되기 때문에 생각을 활성화하기 위해서는 질문을 일단 많이 던져야 한다.

하지만 100개 이상 질문을 던지기 위해서는 '주어＋육하원칙＋동사'가 아니라 '주어＋동사＋육하원칙'을 사용해야 한다. 그 이유는 동사에 따라 육하원칙이 기하급수적으로 늘어나기 때문이다. 예를 들어 '사용한다'라는 동사에 육하원칙을 붙이면 '사용한다'에 대한 6개의 질문, 곧 '어디서 사용되는가?' '언제 사용되는가?' '왜 사용되는가?' '누가 사용하는가?' '어떻게 사용하는가?' '무엇을 사용하는가?'와 같은 추가적인 질문을 할 수 있고, '만든다'라는 동사에도 육하원칙을 붙이면 이와 같이 금방 6개의 질문을 해낼 수 있다. 한 번에 12가지의 질문이 만들어지는 것이다. 이러한 원리로 질문을 한다면 1분에 100개의 질문을 던지는 것은 식은 죽 먹기다. 주어에 따른 동사를 10개를 만들어 놓고 육하원칙을 붙이기만 하면 되기 때문이다. 다음은 '공책'이라는 주제로 질문 100개를 만들어 본 것이다.

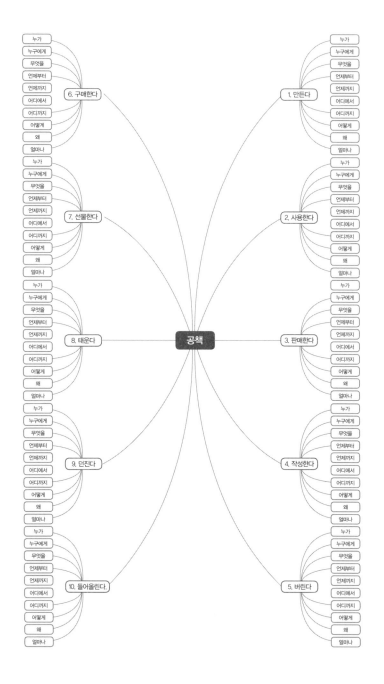

공책

6. 구매한다
- 누가
- 누구에게
- 무엇을
- 언제부터
- 언제까지
- 어디에서
- 어디까지
- 어떻게
- 왜
- 얼마나

7. 선물한다
- 누가
- 누구에게
- 무엇을
- 언제부터
- 언제까지
- 어디에서
- 어디까지
- 어떻게
- 왜
- 얼마나

8. 태운다
- 누가
- 누구에게
- 무엇을
- 언제부터
- 언제까지
- 어디에서
- 어디까지
- 어떻게
- 왜
- 얼마나

9. 던진다
- 누가
- 누구에게
- 무엇을
- 언제부터
- 언제까지
- 어디에서
- 어디까지
- 어떻게
- 왜
- 얼마나

10. 들어올린다.
- 누가
- 누구에게
- 무엇을
- 언제부터
- 언제까지
- 어디에서
- 어디까지
- 어떻게
- 왜
- 얼마나

1. 만든다
- 누가
- 누구에게
- 무엇을
- 언제부터
- 언제까지
- 어디에서
- 어디까지
- 어떻게
- 왜
- 얼마나

2. 사용한다
- 누가
- 누구에게
- 무엇을
- 언제부터
- 언제까지
- 어디에서
- 어디까지
- 어떻게
- 왜
- 얼마나

3. 판매한다
- 누가
- 누구에게
- 무엇을
- 언제부터
- 언제까지
- 어디에서
- 어디까지
- 어떻게
- 왜
- 얼마나

4. 작성한다
- 누가
- 누구에게
- 무엇을
- 언제부터
- 언제까지
- 어디에서
- 어디까지
- 어떻게
- 왜
- 얼마나

5. 버린다
- 누가
- 누구에게
- 무엇을
- 언제부터
- 언제까지
- 어디에서
- 어디까지
- 어떻게
- 왜
- 얼마나

## ?! 창의적인 질문을 하는 방법

질문을 만드는 공식과 1분 이내 100개의 질문을 만드는 방법을 깨달았다면 이제 창의적인 생각을 하는 방법을 살펴보자. 스티브 잡스는 이런 유명한 말을 했다.

### "다르게 생각하라"

도대체 어떻게 다르게 생각하라는 말인가? 이 말을 쉽게 이해하기 위해서는 생각이라는 단어를 이렇게 바꿔야 한다.

### "다르게 질문하라"

생각은 질문에서 시작되기 때문에 다르게 질문하는 방법을 배운다면 다르게 생각하는 방법도 깨닫게 될 것이다. 다르게 질문을 하려면 다음의 공식을 기억하자.

### 주어 + 주어 + 동사 + 육하원칙

'주어+동사+육하원칙'에 주어와 전혀 다른 성질의 '주어'를 붙이는 것이다. 예를 들어 마우스(주어)에 수박(주어)을 붙여보자. 그리고 육하원칙을 붙여서 질문을 만들어 보는 것이다.

"수박 모양의 마우스는 어디에서 구할 수 있는가?"

"마우스로 수박을 주문할 수 있는 방법은?"

"마우스로 수박을 먹을 수 있을까?"

이때 중요한 것은 엉뚱한 질문을 많이 던지는 것이다. 주어를 하나 더 붙이면 생각을 뒤엎는 창의적인 질문들이 파생되어 나오게 된다. 마우스(주어)에 수박(주어)을 붙이고 코끼리(주어)를 붙여 질문해 보자.

"코끼리는 수박을 먹으며 마우스를 사용할 수 있을까?"

"마우스로 코끼리 모양의 수박을 그릴 수 있을까?"

"코끼리는 마우스로 수박을 던질 수 있을까?

평소에 이런 질문을 한다면 사람들의 비웃음을 살 수도 있다. 하지만 잡스의 말처럼 이 세상은 엉뚱한 생각을 했던 사람들이 변화시켰다. 사실 스티브 잡스도 가장 엉뚱한 사람 중 한 명이었다. 그는 아이폰을 만들면서 이런 생각을 했을 것이다.

"핸드폰으로 왜 전화만 하는 거지?"

모두가 핸드폰은 전화를 할 때 사용한다고 생각하며 다르게 질문하지 않았을 때 잡스는 질문했다. '핸드폰(주어)＋영상(주어)＋인터넷(주어)＋음악(주어)＋게임(주어)' 이 모두를 합쳐 질문했다. 다르게 질문한 것이다. 핸드폰으로 영상을 어떻게 볼까? 핸드폰으로 인터넷을 어떻게 할까? 핸드폰으로 어떻게 게임을 할까? 핸드폰으로 어떻게 음악을 들을까? 이 모든 것을 한 번에 하는 방법은 무엇일까? 어떻게 만들 수 있을까? 왜 만들어야 할까? 누가 필요할까?와 같은 수천 가지의 질문을 던졌다. 그리고 결국 해답을 발견했다. 그것이 바로 '아이폰'이다.

기억하자. 다르게 생각한다는 것은 다르게 질문한다는 것이다. 다르게 질문해야 다르게 생각할 수 있다는 사실을 명심하자. 창의적인 사람은 가장 엉뚱한 질문을 던지는 사람이다.

## ?! 퀘스천맵 적용하기

그렇다면 어떻게 퀘스천맵을 사용할 수 있을까? 제3장의 80쪽에 나오는 마인드맵을 다시 살펴보자.

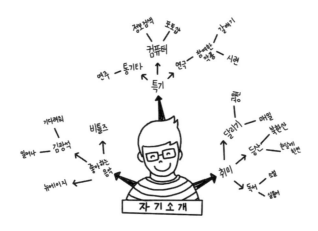

마인드맵은 생각을 정리하기에 유용한 도구이지만 많은 사람들이 마인드맵의 효과를 보지 못하고 쉽게 포기한다. 분석해 본 결과 포기하는 이유는 다음과 같다.

"마인드맵을 그려도 생각이 정리되지 않아요."
"생각을 확장하는 방법을 모르겠어요."

혹시 당신도 마인드맵을 이러한 이유로 인해 포기한 경험이 있는가? 필자는 이러한 문제를 해결하기 위해 퀘스천맵을 개발했다. 퀘스천맵이란 말 그대로 질문의 지도를 그려나가는 것이다. 퀘스천맵은 '답'이 아니라 '질문'으로 생각을 확장해 나가는 방식이다. 어떻게 생각이 확장되고 정리되는지 다음 마인드맵을 살펴보자.

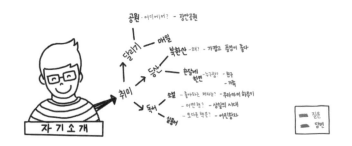

어떠한가? 질문을 통해 마인드맵이 확장되고 생각이 정리되는 것을 확인할 수 있다. 마인드맵을 잘 그리지 못하는 이유는 생각이 질문으로 확장되고 정리된다는 사실을 알지 못하기 때문이다. 육하원칙에 입각해서 질문을 해나간다면 생각이 막힐 일은 없을 것이다. 이것이 바로 퀘스천맵이 가진 힘이다.

## ?! 질문을 잘할 수 있는 방법

마지막으로 질문을 잘할 수 있는 근본적인 방법이 있는지 생각해 보자.

공식 없이도 질문을 잘할 수 있는 방법이 있다. 그것은 당신이 생각하고자 하는 주제에 대해 사랑을 하는 것이다. 첫사랑을 처음 만났을 때를 떠올려보자. 처음 그 사람을 봤을 때 무엇이 궁금했는가?

"이름이 뭐지?" "어디에 살지?" "전공은 뭘까?"
"어떤 커피를 좋아할까?" "전화번호는 무엇일까?"

사랑하면 생각하게 된다. 또 생각하니 사랑하게 된다. 사랑의 어원이 무엇인지 아는가? 사량(思量), 즉 생각의 양이다. 사랑하는 만큼 생각하게 된다는 뜻이다. 천재들은 저마다 자신이 원하는 주제에 대해 오랫동안 치열하게 생각했던 사람들이다. 에디슨의 전구도, 라이트 형제의 비행기도 사랑을 해서 만든 결과물이다. 사랑이 있다면 질문 공식이 필요 없다. 마음에서 저절로 질문이 나올 것이기 때문이다.

당신은 어떤 주제로 기획을 하려고 하는가? 성공적인 기획을 하고 싶다면 그 프로젝트에 대해 사랑을 하는 것이 우선이다. 사랑하기가 힘들다면 관심을 갖자. 그만큼 질문이 나올 것이다. 질문은 알고 싶어 답답한 마음이라고 했다. 답이 궁금하면 질문을 하게 되어 있다. 그러므로 당신은 먼저 당신이 하고자 하는 일을 사랑해야 한다. 사랑이 바로 질문의 근원이기 때문이다.

# 06

# 한 페이지 기획서
# 작성법

## ?! 기획서는 한 페이지로 완성하라

브레인스토밍이나 퀘스천맵으로 발상된 아이디어는 기획서를 통해 정리된다. 기획서는 이왕이면 한 페이지로 정리해야 한다. 빠른 시간 내에 내용을 파악하고 단번에 소통을 하기 위해서다. 한 페이지 기획서는 읽고 알아볼 수 있는 것이 아니라 보는 즉시 알아볼 수 있도록 만들어야 한다.

한 페이지 기획서를 실천하고 있는 기업이 있다. 토요타자동차주식회사는 1970년대부터 한 장짜리 보고서로 의사소통을 하는 기업 문화가 정착되었다. 회의를 할 때는 A3, A4 한 장짜리 자료만 지참하고 참석한다. 이를 위해 신입사원 연수 때 한 장짜리 보고서 작성법을 배운다. 현재 30만 명이 넘는 전 사원이 모든 자료를 한 장으로 만든다고 한다. 그 이유가 무엇일까? 바쁜 경영자가 짧은 시간 안에 의사결정을 내려야 하기 때문이다. CEO뿐만 아니라 모든 임직원들이 서류를 꼼꼼히 읽고 결단을 내릴 시간이 턱없이 부족하기 때문에 한 페이지로 기획서를 만드는 역량은 바쁜 현대사회에서 필수가 되고 있다.

그렇다면 한 페이지 기획서는 어떻게 만드는 것일까? 한 페이지 기획서를 만들기 위해서는 가장 먼저 한 장짜리 생각의 틀을 만드는 방법을 알아야 한다. 생각의 틀은 기획서에 들어가는 필수항목이다.

## ⁉️ 기획서에 들어갈 필수항목

기획서에 반드시 들어가야 할 요소는 무엇이 있을까? 의사결정자가 기획서를 볼 때 가장 궁금해 하는 것이 무엇일까를 생각해 보면 답이 나온다. 가장 먼저 살펴볼 것은 '무엇을'에 대한 내용이다. 제목과 핵심 내용을 보면서 어떤 기획을 하려는지 한눈에 알아 볼 수 있도록 해야 한다. 그다음은 '왜'에 대한 내용으로 배경·목적·목표를 보면서 기획을 하게 된 이유를 알 수 있도록 해야 한다. 그리고 나서 '어떻게'에 대한 내용으로 비용과 세부계획이 무엇인지 알려준다. 끝으로 '기대효과'를 통해 상대방이 얻는 효과를 말하며 최종적으로 설득한다.

한 페이지 기획서에는 7~8가지의 항목이 들어가게 된다. 이 항목이 배열되면 목차가 되어 기본적인 기획서 양식이 만들어진다. 기획서에 들어가야 할 항목은 무엇이 있으며 어떤 순서로 배열이 되어 있는지 살펴보기로 하자(113쪽 '10kg 감량 다이어트 기획서' 참고).

| '한 페이지 기획서'에 들어가는 필수항목 | |
| --- | --- |
| (1) 제목 | 기획서의 제목은 무엇인가? |
| (2) 핵심 내용 | 한마디로 무엇을 말하고 싶은가? |
| (3) 기획배경 | 기획을 하게 된 배경은 무엇인가? |
| (4) 목적 | 기획을 통해서 무엇을 얻기를 바라는가? |
| (5) 목표 | 얻고자 하는 것은 구체적으로 무엇인가? |
| (6) 비용 | 예산은 명확하게 얼마인가? |
| (7) 기대효과 | 기획의 효과와 이익은 무엇인가? |
| (8) 실행계획 | 구체적으로 어떻게 실행할 것인가? |

지금까지 기획의 개념과 아이디어 발상법 그리고 한 페이지 기획서 만드는 방법을 배웠다. 마지막으로 기획에 대해 말하고 싶은 것이 있다. 기억하라. 기획은 액션이다. 기획은 머리로 시작해서 발로 완성하는 것이다. 만일 당신의 머릿속에 아이디어가 있다면 지금 바로 기획하자!

생각정리스킬

# 5장

오랫동안
기억에 남는
독서정리스킬

# 01

# 독서정리스킬의
# 3단계

**?!** **도대체 왜 기억에 남지 않는 거야?**

모티머 J. 애들러는 《독서의 기술》에서 '독서가란 정보와 지식을 주
로 활자에 의해서 얻는 습관이 있는 사람'이라고 말했다. 이것을 기
준으로 봤을 때 필자는 스스로를 독서가라고 생각한다.

오랜 기간 동안 수많은 책을 읽다 보니 이제는 수준이 높은 책도
어렵지 않게 핵심을 파악하고 요약할 수 있는 능력이 생겼다. 소크라
테스의 《변명》도 한 페이지로 요약정리할 수 있고, 웬만한 수준의 전
문서적은 물론이고 뉴스 기사도 단숨에 핵심을 파악하여 정리할 수
있다. 물론 감이 아니라 기술적으로 말이다.

하지만 필자도 처음부터 독서를 잘했던 것은 아니다. 제대로 된 독
서 방법을 알기 전까지는 책을 아무리 열심히 보아도 핵심이 보이지

않아 답답했었고, 무엇보다도 내용이 기억에 남지 않아 독서를 하는 것에 대해 허무함을 느꼈던 적이 한두 번이 아니다. 혹시 머리가 나쁜 것은 아닌지 나의 지능수준을 의심한 적도 있다.

**"도대체 왜 기억에 남지 않는 거야!"**

**"혹시, 내 머리가 나쁜 것이 아닐까?"**

처음에는 책을 무작정 많이 읽었다. 독서를 잘하는 방법이 존재한다는 사실을 알지 못했고, 그저 많이 읽는 것이 좋은 것이라고 생각했다. 인생 목표였던 1,000권 독서를 달성했을 때 한 가지 사실을 깨달았다. 다독(多讀)이 중요한 것이 아니라 한 권이라도 제대로 읽는 것이 중요하다는 사실을 말이다.

1,000권을 읽었지만 머릿속에 제대로 남은 책이 없었다. 무엇이 문제였을까? 기억에 남는 책 읽기 방법을 몰랐던 것이다. 책을 통해 머릿속에 들어오는 수많은 지식과 정보를 처리하는 방법을 알지 못했다. 공자께서는 '배우기만 하고 생각하지 않으면 막연하여 얻는 것이 없고, 생각만 하고 배우지 않으면 위태롭다'고 했는데 그것이 딱 내 이야기였다. 생각을 정리하며 독서를 하지 않는다면 책이 머릿속에 오랫동안 기억에 남을 리가 없는 것이다.

필자는 이 경험을 통해 책을 읽는 올바른 순서를 발견하고 극복하기 위해 노력했다. 결국 '내'가 좋아하는 순서가 아니라 '뇌'가 좋아하는 순서로 책을 읽는 방법을 깨닫게 되었다.

당신은 책을 볼 때 보통 어떠한 순서로 책을 읽는가? 학습자들에게 질문을 하면 이런 답변이 돌아온다.

"저는 책의 표지를 본 다음에 목차를 간단히 살펴보고 곧장 내용을 읽기 시작해요. 저자 소개와 머리말은 자세히 읽지 않고 넘어가는 편입니다. 내용을 빨리 보고 싶기 때문이죠."

혹시 당신도 그러한가? 안타깝게도 이렇게 읽는다면 책의 내용을 오랫동안 기억할 수 없다. 뇌가 좋아하는 순서가 아니기 때문이다.

## ?! 독서정리스킬 3단계

그렇다면 올바른 독서 순서는 무엇일까? 일단 책의 전체상을 파악한 다음 핵심 내용을 세밀하게 살펴보는 방향으로 책을 읽어야 한다. 프로세스로 구분하자면 독서활동은 크게 독서 전 독서, 독서 중 독서, 독서 후 독서의 세 가지로 이루어진다. 이 순서대로 책을 읽는다면 단기기억을 장기기억화시킬 수 있다.

> 독서 전 독서 → 독서 중 독서 → 독서 후 독서

'독서 전 독서'는 책의 전체상을 머릿속에 그리며 이해하는 단계이다. 방법은 표지 → 저자 → 머리말 순으로 책을 읽는 것이다.
'독서 중 독서'는 책의 핵심 내용을 파악하며 독서하는 단계이다.

목차 → 내용 → 정리 순으로 책을 읽는다.

'독서 후 독서'는 책의 내용과 생각을 정리하는 마지막 단계이다. 독서 후기를 작성하면서 내용을 장기기억화시킨다.

그럼, 지금부터 독서 활동이 구체적으로 어떻게 이루어지는지 살펴보자.

# 02

## 독서 전 독서

'독서 전 독서' 활동은 내용을 담을 수 있는 기억의 그릇을 만드는 단계이다. 기억의 그릇이 크면 클수록 더 많은 내용을 머릿속에 담을 수 있다. 독서 전 독서는 표지, 저자, 머리말 순으로 책을 보며 책의 전체상을 그리는 작업을 해야 한다.

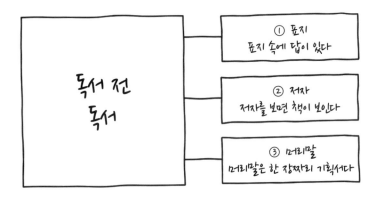

**?! 표지 속에 답이 있다**

당신은 지금《생각정리스킬》을 읽고 있다. 이 책을 오랫동안 기억하고 싶다면 제목에 대해 충분히 생각해 봐야 한다. 잠시 이 책의 표지를 살펴보자. 무엇이 적혀 있는가? 제목과 부제목 그리고 책을 소개하는 카피 문구 등이 적혀 있다.

저자는 독자들에게 전하고자 하는 메시지를 표지에 담기 위해 무척 애를 쓴다. 책 표지는 책의 정체성이자 독자

들과의 첫 만남이 되기 때문이다. 그러나 안타깝게도 독자들은 표지를 꼼꼼히 읽지 않는다. 책을 보면서 왜 이런 제목을 붙였는지, 책의 주제는 무엇인지 깊이 있게 생각하지 않는다. 그 결과 시간이 지나면 내가 무슨 책을 읽었는지 제목조차 기억하지 못하는 경우가 발생한다.

**1) 제목에 대해 질문하기**

지금부터《생각정리스킬》을 주제로 1분 동안 10개 이상의 질문을 만들어 보자(질문은 머릿속으로만 생각하지 말고 이왕이면 눈으로 볼 수 있도록 책의 제일 앞의 면지 등에 쓰는 것을 추천한다).

- 왜 생각정리스킬인가?
- 누구에게 생각정리가 필요한가?
- 언제 생각정리가 필요한가?
- 생각정리의 종류는 무엇이 있을까?
- 생각정리를 어떻게 할 수 있는가?
- 나에게 생각정리스킬이 있는가?
- 생각정리의 범위는 어느 정도인가?
- 생각정리를 잘하면 무엇이 좋을까?
- 왜 생각정리의 기술이 아니라 스킬이라고 했을까?
- 생각정리스킬은 한마디로 무엇일까?

## 2) 무지함과 마주하기

제목에 대해 질문했다면 자신이 던진 질문에 대해 스스로 알고 있는지 모르는지 체크해 봐야 한다. 우리의 뇌는 모른다고 생각할 때 궁금함이 더 증폭되기 때문이다. 실제로 공부를 잘하는 학생들은 자신이 아는 것과 모르는 것을 정확히 알고 있다. 모르기 때문에 더 꼼꼼히 공부하게 되는 것이다. 반면 공부를 잘 못하는 학생들은 자신이 모르는 것도 안다고 착각하기에 진정한 배움을 얻을 수 없다. 무지함을 마주하기가 쉽지 않겠지만 무지함을 스스로 인정할 때 진정한 배움을 얻을 수 있다. 이제 자신이 나열한 질문 옆에 자신이 생각하는 답을 적어보자.

- 왜 생각정리스킬인가? – 아직 잘 모름
- 누구에게 생각정리가 필요한가? – 모든 사람에게 필요함
- 언제 생각정리가 필요한가? – 모든 순간에 필요함
- 생각정리의 종류는 무엇이 있을까? – 아직 잘 모름
- 생각정리를 어떻게 할 수 있는가? – 현재 메모장에만 하고 있음
- 나에게 생각정리스킬이 있는가? – 마인드맵을 그릴 수 있음
- 생각정리의 범위는 어느 정도인가? – 잘 모름
- 생각정리를 잘하면 무엇이 좋을까? – 업무시 시간 단축이 가능
- 왜 생각정리의 기술이 아니라 스킬이라고 했을까? – 잘 모름
- 생각정리스킬은 한마디로 무엇일까? – 잘 모름

질문을 하고 정답을 적다보면 생각보다 내가 이 주제에 대해 잘 모르고 있다는 것을 발견할 수 있다. 이 과정에서 자연스럽게 책을 읽어야 하는 목적이 생긴다. 독서라는 것은 결국 배움이다. 배우는 이유는 무엇인가? 무지를 벗어나기 위함이다. 소크라테스는 "너 자신의 무지함을 알라"고 하며 "나 자신이 지혜로운 이유는 스스로 무지하다는 사실을 알기 때문이다"라고 말했다. 무지함을 스스로 아는 사람들은 배움으로 채울 수 있기에 결국 지혜로워진다. 따라서 책을 볼 때 이 책의 주제에 대해 모두 알고 있다고 착각하면 책의 내용이 기억의 그릇에 담기지 않는다. 오랫동안 책을 기억하고 싶은가? 그렇다면 이 말을 반드시 기억하라.

**"궁금함의 크기만큼 기억할 수 있다"**

### 3) 표지에서 답을 추론하기

제목에 대해 질문을 던졌으면 그다음 표지에 있는 내용을 꼼꼼히 살펴보며 부제목과 카피 문구 등을 통해 질문에 대한 답이 있는지 추론해 본다. 저자들은 책 표지에 핵심 메시지 또는 독자가 알아야 할 핵심 키워드를 담고자 애쓴다. 표지에 있는 부제목과 카피 문구 등에서 단서를 잘 찾는다면 책의 전체상을 머릿속에 그려볼 수 있다. 《생각정리스킬》 표지에는 여러 가지 카피 문장이 있다. 상단의 큰 부제목을 보니 이러한 문장이 있다.

**"명쾌하게 생각하고 정리하고 말하는 법"**

부제목은 책의 핵심 내용이자 범위가 된다. 만일 책에 부제목이 없다면 독자는 책의 내용을 예측할 수 없을 것이다. 생각정리의 범위가 워낙 넓기 때문이다. 이 한 문장을 통해 《생각정리스킬》은 생각을 정리하는 것에서 끝나지 않고 말하는 방법까지 설명하는 책이라는 것을 미리 짐작해 볼 수 있다. 이어서 하단의 카피 문장을 살펴보자.

**"복잡한 생각을 스마트하게 정리하고**
**단순한 생각을 아이디어로 정리하라"**

이 카피를 통해 생각을 정리하고 기획하는 방법을 핵심적으로 알려주는 책이라는 것을 예측할 수 있다.

이러한 방식으로 표지에 있는 핵심 키워드를 살펴보면서 책의 전체상을 그려보는 것이다. 표지 속에 답이 있다. 답을 찾기 위해 우리는 질문을 던져야 한다. 질문을 통해 답을 찾고 추론하며 머릿속에 책에 대한 큰 그림을 그려야 한다.

## ?! 저자를 보면 책이 보인다

표지의 내용을 충분히 검토했다면 이제 저자가 누구인지 살펴봐야 한다. 대부분 독자들은 저자 소개를 자세히 살펴보지 않고 목차나 내용으로 바로 뛰어넘는 경우가 있다. 하지만 저자 소개에는 책을 이해하는 중요한 단서가 담겨 있다. 작은 단서가 책의 전체상을 이해하는 데 큰 역할을 해내기도 한다. 저자 소개를 보는 것이 얼마나 중요한지 한 가지 상황을 말해 보겠다.

어느 날 당신이 '평화'라는 주제에 관심이 생겼다. 따뜻한 느낌의 '평화'에 관련된 서적을 읽기 위해 서점에 갔더니 마침 《세상의 평화》라는 제목의 책을 발견했다. 하늘색 표지에 비둘기 한 마리가 있는 것을 보니 갑자기 마음이 평화로워지는 기분이다. 기대되는 마음에 책을 펼치고 곧장 내용을 살펴본다. 10페이지까지는 괜찮았는데 점점 내용이 이상해진다. 아우슈비츠 수용소가 나오는가 싶더니 유대인을 학살해야 평화가 올 수 있다는 끔찍한 논리가 나오기 시작하는 것 아닌가? 그때서야 당신은 저자 소개를 펼쳐본다. 저자의 이름을 보니 그 유명한 히틀러가 아닌가? 당황한 나머지 책을 덮어 버린다.

물론 가상의 상황이지만 실제 이런 경우가 허다하게 발생한다. 저자의 중요성을 인지하고 있지 않기 때문이다. 저자를 보는 것은 매우 중요하다. 왜냐하면 저자를 보면 책이 보이기 때문이다.

예를 들어 '심리학'이라는 같은 제목의 책이라도 저자가 누군지에 따라 완전히 다른 주제의 책이 된다. '행동심리학'을 연구한 사람이 쓴 책과 '아들러 심리학'을 연구한 사람이 쓴 책은 주제나 내용이 다를 수밖에 없다. 전문가 집단이 아닌 청소년을 대상으로 교육을 많이 한 선생님이 풀이한 심리학 서적은 상대적으로 편하고 쉽게 읽을 수 있도록 쓰여졌을 것이다. 저자의 사상, 경험, 지혜, 지식을 녹여낸 것이 바로 책이다. 따라서 저자가 누구인지 소개를 자세히 살펴본다면 당신이 읽고자 하는 책의 전체상을 예측하는 데 큰 도움이 된다.

### ?! 머리말은 한 장짜리 책의 기획서다

이쯤되면 성격이 급한 당신은 책의 내용을 당장 읽고 싶을 것이다. 하지만 독서 전 독서에서 해야 할 마지막 관문이 있다. 표지와 저자 소개를 통해 책에 대한 큰 그림을 잡았다면 이제 머리말을 펼쳐봐야 한다. 머리말은 책을 한 장으로 요약해 주는 기획서다. 보통 책의 머리말에는 다음의 정보가 담겨 있다.

- 예상 독자 : 누구를 위해 책을 썼는가?
- 책을 쓴 배경 : 왜 이 책을 쓰게 되었나?

생각정리스킬

- **책의 주제** : 이 책을 한마디로 말하자면?

- **저자의 주장** : 저자가 말하고 싶은 말은?

- **기타내용** : 책의 구성, 책을 읽는 방법 등

머리말의 기능을 이해하기 위해 《스피치가 두려운 당신, 어떻게 말해야 하는가?》라는 책의 머리말을 살펴보자.

머리말의 <u>제목</u>은 '스피치가 두려운 당신에서 멋지게 연설하는 당신으로!'이다. 제목처럼 스피치가 두려운 사람들이 예상 독자가 된다. <u>이 책을 쓰게 된 배경</u>은 스마트워크 강의에서 처음 만난 박혜은, 신성진, 이상은 저자가 13주간의 수업이 시작되는 첫날 진행된 자기소개에서 당황하여 제대로 자기소개를 못했던 사연에서 출발한

다. 방송을 하고 책을 쓰고 강의를 하는 직업을 가진 세 사람의 강점을 살려 누구나가 멋지게 자기소개를 할 수 있는 '스피치' 책을 출간하자고 마음을 모은 것이 책을 쓰게 된 배경이다. 저자가 주장하고자 하는 바는 이 책을 따라하다 보면 멋진 자기소개, 기억에 남는 멋진 스피치를 하는 당신이 될 것이라는 것이다. 그리고 Part 1~4까지 책의 구성을 안내한다.

이 정도 머리말만 읽어도《스피치가 두려운 당신, 어떻게 말해야 하는가?》의 전체상을 그려볼 수 있게 된다. 머리말은 한 장짜리 기획서이기 때문이다. 기획서는 건축설계도와 같다. 건축설계도를 통해 건축물의 모양을 미리 예측할 수 있는 것처럼 머리말을 보면 책의 전체적인 그림을 머릿속에 미리 그려볼 수 있다. 독서를 할 때는 머리말을 놓치지 말아야 한다. 시작이 반이라는 말처럼 독서 전 독서를 잘하는 것이 독서의 반이다. 이제 독서 중 독서를 살펴보자.

# 03

# 독서 중 독서

'독서 전 독서'가 내용을 보기 전까지의 준비작업이었다면 '독서 중 독서'는 본격적으로 책을 읽을 차례이다. 이번 단계에서는 책의 내용을 이해하고 핵심을 파악하는 것을 목표로 한다. 독서 중 독서에서는 다음 3가지 방법을 제시하고자 한다.

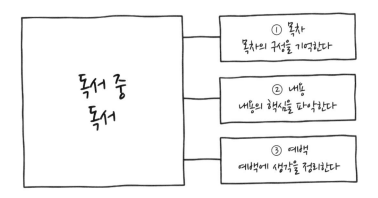

**?! 목차의 구성을 기억한다**

목차는 책의 골조이자 큰 틀이다. 책의 내용을 기억하고자 한다면 목차부터 기억해야 한다. 목차를 구성하는 원리를 살펴보면 목차를 쉽게 기억할 수 있을 것이다.

### 1) 목차가 구성되는 원리

책의 목차는 어떻게 만들어지는가? 목차는 질문에서 시작된다. 질문은 항목이 되고 항목이 모여 목차가 된다. 항목이 만들어지면 독자들의 호기심을 자극할 수 있는 언어로 각색을 한다. 이러한 순서로 목차가 구성된다. 목차가 만들어지는 순서가 이해되지 않는 독자를 위해 《생각정리스킬》의 사례로 설명을 계속하겠다.

질문 → 항목(각색) → 목차

《생각정리스킬》 콘텐츠 목차도 질문으로 시작되었다. 필자에게 궁금한 질문과 독자들이 알았으면 하는 질문을 머릿속에 떠오르는 대로 나열했다. 다음은 이 책의 콘텐츠를 제작하기 위해 던졌던 질문이다.

- 생각정리가 필요한 이유는 무엇일까?
- 왜 생각정리를 하지 못할까?
- 생각을 정리하는 방법은 무엇일까?
- ⋯⋯

이러한 방식으로 질문을 1,000가지 이상 나열했다. 그중 책에 필요한 핵심 질문을 모아 100가지를 간추려 정리했다. 그다음 질문을 항목으로 만든 뒤 독자의 호기심을 자극할 수 있는 내용으로 각색하는 작업을 했다.

- 생각정리가 필요한 이유는 무엇일까?
  → 우리가 몰랐던 생각정리의 재발견
- 왜 생각정리를 하지 못할까?
  → 근본적으로 생각정리를 못하는 이유
- 생각을 정리하는 방법은 무엇일까?
  → 복잡한 생각을 스마트하게 정리하는 방법
- 아이디어를 기획할 수 있는 방법은?
  → 단순한 생각을 아이디어로 기획하는 방법
- 독서를 정리하는 방법이 있을까?
  → 오랫동안 기억에 남는 독서정리스킬
- 스피치를 잘할 수 있는 방법은?
  → 생각정리를 잘하면 스피치는 덤이다!
- 인생에서 필요한 생각정리는 무엇이 있나?
  → 인생을 바꾸는 생각정리의 힘

콘텐츠가 완성될 때까지 계속해서 수정하며 각색을 진행했다. 이렇게 각색 작업이 끝나면 장과 절을 분류하여 최종적으로 다음과 같은 목차를 구성했다.

- 1장 우리가 몰랐던 생각정리의 재발견
- 2장 근본적으로 생각정리를 못하는 이유
- 3장 복잡한 생각을 스마트하게 정리하는 방법
- 4장 단순한 생각을 아이디어로 기획하는 방법
- 5장 오랫동안 기억에 남는 독서정리스킬
- 6장 생각정리를 잘하면 스피치는 덤이다!
- 7장 인생을 바꾸는 생각정리의 힘

책의 목차는 이러한 방법으로 만들어진다. 질문이 항목이 되고 항목을 각색하고 그다음 목차로 구성하는 것이다. 그리고 같은 방식으로 장마다 절을 세부적으로 구성한다.

여기까지 질문이 목차가 되는 과정을 살펴보았다. 이제 어떻게 하면 목차를 기억할 수 있는지 살펴보기로 하자.

### 2) 목차를 기억하는 방법

목차를 기억하는 방법은 목차의 내용을 스토리로 만들어보는 것이다. 목차가 책의 뼈대이기 때문에 1장부터 7장까지 큰 제목의 흐름만 잘 연결시켜도 어렵지 않게 책의 줄거리가 만들어진다. 우리의 두뇌는 항목을 따로 나열하여 기억하는 것보다 항목을 연관지어 줄거리를 만들어 기억하면 훨씬 오랫동안 기억할 수 있다.

자기계발서나 실용서는 보통 Why → How 순으로 목차가 구성된다. 문제를 제시하거나 혹은 동기부여를 한 뒤 방법론을 제시해 주는 것이다. 실용서인 《생각정리스킬》의 목차도 이와 같이 문제 → 해결

생각정리스킬

순으로 진행된다. 다음은 목차를 스토리화해서 정리한 것이다. 책의 목차를 줄거리를 만들어 기억하자!

《생각정리스킬》은 그동안 우리가 몰랐던 생각정리의 새로운 모습을 재발견하게 해주고, 근본적으로 생각정리를 못하는 이유를 제시한 뒤 복잡한 생각을 스마트하게 정리하는 방법과 단순한 생각을 아이디어로 기획하는 방법을 구체적으로 설명한다. 더불어 오랫동안 기억에 남는 독서정리스킬과 생각정리를 잘하면 스피치는 덤이라는 원리를 설명하고 인생을 바꾸는 생각정리의 힘을 제시함으로써 생각정리스킬을 통해 인생이 변화되고 성장할 수 있음을 강조한다.

## ?! 내용의 핵심을 파악한다

'독서 중 독서'에서 가장 중요한 것은 내용의 핵심이 무엇인지 파악하는 것이다. 계속해서 목차를 통해 핵심을 파악하고 검색하며 내용을 습득하는 방식을 배워보자.

### 1) 핵심을 파악하는 방법

목차가 질문에서 항목으로 각색되었다는 것을 알았다면 핵심을 찾는 방법은 간단하다. 목차의 항목이 어떤 질문에서 만들어졌는지 거꾸로 생각하면 된다. 내용의 핵심은 곧 질문이기 때문이다. 그 질문에 대한 답, 그것이 저자가 전하고 싶은 핵심 내용이다.

목차를 볼 때는 항목 이면에 숨어 있는 핵심 질문을 찾아야 한다. 목차에서 핵심 질문을 찾았다면 이제는 답을 찾기 위해 내용을 펼쳐보자. 이때 사용하면 좋은 것이 바로 검색하듯 내용을 찾는 방법이다.

### 2) 검색하듯이 내용을 찾자

잠시 당신의 인터넷 검색엔진을 열어서 검색창에 최근에 검색했던 내용이 무엇이 있는지 살펴보자. 트렌드에 관심이 있는 사람이라면 올해 트렌드, 트렌드 관련 도서, 트렌드 사례 등 여러 가지 트렌드와 관련된 키워드를 검색했을 것이다. 검색했던 내용은 곧 당신의 욕망을 반영한다. 우리가 검색을 하는 이유는 어떤 주제에 대해 궁금함이 생겼기 때문이다. 검색을 하면 수많은 자료들을 찾게 되고 궁금증을 해소해 준다. 그리고 궁금했던 만큼 그 내용이 기억에 남는다.

책도 마찬가지다. 궁금함을 갖고 책의 내용을 찾아본다면 오랫동안 기억에 남을 수 있다. 반면 궁금함 없이 책을 읽게 되면 아무리 좋은 내용이어도 기억에 오랫동안 남지 않는다. 책을 무작정 읽기보다는 목차를 보며 궁금한 내용을 찾아가듯 읽어보자. 목차에 손가락을 꺼놓고 그다음 내가 궁금한 순서대로 검색을 하듯 내용을 펼쳐보는 것이다. 검색을 하는 방법 역시 목차에 질문하는 것이다. 독서의 주체가 되는 가장 좋은 방법이 바로 질문을 하는 것이다. 질문을 하면 저자와 내가 대화하듯 적극적으로 독서를 할 수 있다.

다음 사례를 통해 어떻게 검색을 하는지 살펴보자. 예를 들어 '4장 단순한 생각을 아이디어로 기획하는 방법'의 핵심을 검색한다면 다음과 같이 질문을 던져보는 것이다.

'단순한 생각을 어떻게 아이디어로 기획하지?'
'기획이란 무엇일까?'
'아이디어 발상도구는 무엇이 있을까?'
'브레인스토밍을 사용하는 방법은?'

이왕이면 이 질문은 목차 제목 옆에 적어두면 좋다. 그리고 질문을 던진 뒤 궁금했던 내용을 찾아본다. 단순한 생각을 아이디어로 기획하는 방법, 기획의 개념, 아이디어 발상도구와 그 사용법을 발견했다면 책에 밑줄을 쳐두거나 페이지를 기록해 둔다. 내용이 짧다면 다음과 같이 질문 옆에 답변을 적어두는 것도 좋은 방법이다.

'단순한 생각을 어떻게 아이디어로 기획하지?' → 110쪽에 내용 있음
'기획이란 무엇일까?' → 목표를 달성하는 생각정리 활동
'아이디어 발상도구는 무엇이 있을까?' → 브레인스토밍
'브레인스토밍을 사용하는 방법은?' → 120쪽에 내용 있음

책을 무작정 읽어 내려가지 말고 이처럼 목차에서 검색을 하며 내용을 찾아 읽자. 검색하듯이 궁금증을 해소하며 책을 읽어보기를 권한다.

## 3) 맵핑하듯이 정리하자

책 내용의 핵심을 파악했으면 그 내용을 마인드맵으로 정리해 보자. 독서 중 파악한 내용을 마인드맵으로 그리면 좋은 점은 구조와 핵심

을 한눈에 살펴볼 수 있다는 점이다. 실제 독서 맵핑은 어떻게 하는 것인지 사례와 함께 살펴보자. 다음은 《기억력, 공부의 기술을 완성하다》에 나오는 '점화'라는 말을 맵핑해 보았다.

① 내용

'점화(priming)'란 말은 '준비하다' '알리다'의 뜻을 가진 영어 'to prime'에서 나온 말이다. 기억 대상과 관련된 사전경험을 통해 학습과 기억에서 선입견을 가질 수 있는 기억생리학적 현상을 일컫는다. 이런 사전경험은 무의식적이건 의식적으로 활성화되건 비슷한 정보를 더 쉽게 파악하고 처리하며 더 잘 기억하도록 도와준다.

② 맵핑

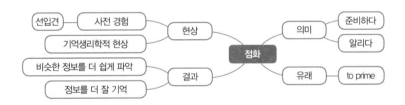

이렇게 한 번 정리를 해두면 이해하기가 쉽고 기억하기 좋다. 책의 여백에 마인드맵을 그려 놓으면 나중에 책을 다시 봤을 때 책의 내용이 금방 떠오를 것이다. 책의 내용을 기억하고 싶다면 독서 맵핑을 해보자.

생각정리스킬

## ?! 여백에 생각을 정리한다

지금까지는 독서의 핵심 내용을 파악하는 방법이었다면 이제부터 여백에 자신의 생각을 정리하는 방법을 살펴보자.

독서를 할 때 깨끗이 읽어야 한다고 말하는 사람이 있다. 책이 깨끗해야 나중에 볼 때 새로운 아이디어가 떠오른다는 것이다. 책에 메모를 하면 새로운 생각이 떠오르는 것을 방해한다고 그들은 주장한다. 그래서 아이디어가 떠오를 때 책이 아니라 포스트잇이나 공책에 기록을 하기도 한다. 혹시 당신도 그렇게 독서를 하는가? 그 방법이 틀린 것은 아니지만 필자는 반대로 여백에 기록하는 방법과 그 효과에 대해 이야기하고자 한다.

필자는 절대로 책을 깨끗이 읽지 않는다. 도서관에서 빌린 책은 어쩔 수 없겠지만 서점에서 산 책이라면 완전히 내 것으로 만들 작정으로 읽는다. 1만원짜리 책이라면 100만원의 가치를 얻겠다는 생각으로 치열하게 책을 읽는다. 독서를 할 때 여러 가지 아이디어가 떠오르면 바로 책의 여백에 생각을 기록하거나 밑줄을 치며 책을 읽는다. 책이라는 것은 책 자체가 중요한 것이 아니라 그 안에 있는 알맹이가 중요하다. 알맹이는 열매다. 열매를 먹기 위해 책을 읽는 것이다. 책에 기록하는 과정은 껍데기를 벗기는 것과 같다. 책에 여백이 있는 이유가 무엇일까? 그만큼 생각을 하고 기록하라는 뜻이 아닐까?

메모를 할 때는 나만의 몇 가지 패턴이 있다. 우선 나에게 도움이 되는 글귀는 밑줄을 친다. 그리고 내가 왜 밑줄을 쳤는지 관련된 메모를 한다. 만일 그 내용이 웃긴 글이라면 'ㅋㅋ'라고 적을 때도 있고, 나에게 공감을 준 글이라면 '공감한다'고 적기도 한다. 이해되지 않는 문장이 있으면 '이해되지 않는다'라고 솔직하게 기록을 한다. 일기도 적고 아이디어도 기록한다. 필요하다면 그림도 그린다.

밑줄을 치고 내용을 적을 때 중요한 것은 내가 언제 이 생각을 했느냐를 기록해 두는 것이다. 밑줄 밑에 '2024년 1월 25일 3시' 이런 식으로 언제 이 생각을 했는지 기록해 둔다. 그렇게 해놓으면 1년 뒤, 2년 뒤, 3년 뒤 책을 다시 볼 때 당시 내가 어떤 생각을 했는지, 그리고 현재는 생각이 어떻게 성장했고 발전했는지 알게 된다. 밑줄과 메모를 보면서 그 당시 어떤 생각을 했는지 떠오르게 되고 거기에서 창의적인 아이디어가 추가적으로 발생될 수 있다.

여백에 무언가를 기록할 때는 반드시 책에 대한 내용을 기록할 필요는 없다. 필자의 경우는 강의에 대한 아이디어 혹은 행사 기획에 대한 아이디어가 필요할 때 책을 보곤 하는데 전혀 상관없는 내용이라도 여백에 기록을 한다. 책과 관련되지 않은 다른 생각이라도 기록을 한다. 책과 관련 없는 내용을 여백에 기록한다는 것이 중요한 게 아니라 이 책을 보면서 생각이 더 활성화되고 떠올랐다는 것 그 자체가 중요한 것이다.

여백 독서를 할 때 다음을 참고하면 도움이 될 것이다.

① 발견(새롭게 발견한 내용) → '처음 알게 된 사실이다!'
② 깨달음(깨달은 생각) → '나는 무소유의 의미에 대해 깨달았다'
③ 다짐(다짐하게 된 내용) → '앞으로 정직한 삶을 살기로 다짐했다'
④ 느낌(감정적인 표현) → '재미있다! 슬프다! 감동적이다!'

생각정리스킬

⑤ 아이디어(문뜩 떠오른 아이디어) → '교육할 때 사용하면 좋겠다'
⑥ 이해 여부(이해 여부를 체크함) → '어렵다, 이해가 된다 등'
⑦ 반성(반성한 생각) → '책을 보니 어머니에게 그동안 못했던 것에 대해 후회가 된다'
⑧ 공감(저자와 같은 생각) → '공감한다'
⑨ 비판(저자와 다른 생각) → '나는 다르게 생각한다. 그 이유는'
⑩ 기타(자유롭게 기록) → '졸립다, 흥미롭다'

　나에게 좋은 책일수록 지저분하다. 나의 생각이 빼곡히 적혀있기 때문이다. 밑줄 치고 생각을 기록하고 본문을 접어놓기도 하고 포스트잇을 붙이기도 한다. 책을 읽는 이유는 생각을 하기 위해서다. 생각하는 '상태'를 만들기 위해서 독서를 하는 것이다. 책을 읽는 행위 그 자체에 목적을 두지 말자. 책을 읽어서 생각을 하는 상태를 만드는 것, 그것에 집중하자.

　그 방법은 여백에 기록을 하는 것이고, 여백에 기록이 많은 책일수록 좋은 책이다. 어떤 책의 경우는 여백에 기록할 거리가 없다. 필자는 가끔씩 인터넷서점에서 제목만 보고 구매한 경우 적지 않게 실망한 경우가 있는데, 그런 책은 한 번 훑어 본 후 반품하는 경우도 있다. 최악의 책이란 이런 류의 책인 것이다. 생각할 거리가 없는 책 말이다. 좋은 책은 나를 생각하게 만드는 책이다.

　여백 독서를 하게 되면 처음에는 책이 지저분해져서 아깝다는 생각이 들 수도 있다. 그래도 책은 깨끗이 읽고 싶은데 하면서 여전히 고민을 하는 독자가 있다면《생각정리스킬》책 만이라도 기록하면서 읽어보자. 당신의 생각에 놀라운 변화가 생길 것이라고 확신한다.

이 책은 당신의 책이다. 당신의 책이라면 자신감 있게 밑줄을 치며 기록하고 생각하며 읽자!

# 04

# 독서 후 독서

'독서 후 독서'는 독서를 하고 나서 하는 추후 활동을 의미한다. 당신이 읽은 책을 오랫동안 기억하기 위해서는 독서 후 독서 활동이 필요하다. 독서 후 독서 활동의 종류에는 독후감이나 서평을 한 페이지로 정리해 보는 활동이 있다. 또 독서모임을 통해 책을 함께 읽거나 토론을 진행하는 방법과 독서리스트를 작성함으로써 꾸준히 책을 읽을 수 있도록 습관을 만드는 활동이 있다.

### ?! 독후감·서평을 한 페이지로 정리하자

독서를 모두 마쳤다면 자신이 몰랐던 사실이나 생각과 내용을 어떠한 형식으로든 구애받지 않고 어딘가에 기록을 해두어야 한다. 독서를 통해 얻게 된 생각의 기록물은 훗날 무엇보다도 값진 지적 자산이 될 것이기 때문이다.

책을 읽고 나서 하는 활동은 크게 2가지가 있다. 독후감을 쓰는 활동과 서평을 쓰는 활동이다. 2가지 모두 책을 읽고 나서 생각을 기록해 두는 활동이라는 점에서 같지만 글쓰기 방식에 있어서는 차이가 있다. 독후감이 주관적인 느낌을 중심으로 서술하는 개인적인 글인 반면, 서평은 이러한 감상을 객관화하여 사회·문화적 맥락에서 공론화하는 글이다.

독서정리는 최소 한 페이지 분량의 내용으로 정리해 두는 것을 권장하는데, 독서정리를 한 페이지로 정리하는 방법을 소개하겠다.

### 1) 한 페이지 독서정리법

한 페이지로 독서를 정리하기 위해서는 한 페이지 서식의 구성항목이 필요하다. 기본적인 구성항목으로는 책을 읽게 된 동기, 도서정보, 책의 내용(줄거리), 인상 깊은 구절, 책을 읽고 난 후의 생각이나 느낌 등이 있다. 그럼, 한 페이지에 항목이 어떻게 배치되는지 살펴보자. 참고로 다음 쪽의 독서페이퍼는 생각정리클래스의 1기 서포터즈 신연선 님의 사례이다.

한 페이지 독서정리 서식은 기본 정보인 '장르, 제목, 저자, 시작일, 완료일'을 작성하는 것부터 출발한다. 장르를 제목 위에 배치해 둔 이유는 독서를 하다 보면 자신이 읽고 싶은 분야의 책만 편중되어 읽게 되는 경우가 있는데, 장르를 미리 기록해 두면 시간이 지나서 어떤 장르를 많이 읽었는지 분석하여 통계를 낼 수 있기 때문이다.

생각정리스킬

| 독서 페이퍼 | |
| --- | --- |
| 장르 | 자기계발 |
| 제목 | 구본형의 마지막 수업 (나를 만든 세계문학고전 독법) |
| 저자 | 구본형, 박미옥, 정재엽 지음 |
| 시작일 | 2024년 2월 15일 |
| 완료일 | 2024년 2월 21일 |

**[책을 읽게 된 동기]**
내가 선택한 이 길이 나의 길인지 고민하는 사회 초년생인 20대 때 구본형 선생님의 [익숙한 것과의 결별]을 만나게 되었고 내 선택의 응원군을 만난 듯 기뻤다. 이제 40대가 되어 새로운 일을 시작하기 위해 익숙한 일을 박차고 나왔으나 더 없이 흔들리는 내게 용기를 줄 지침서, 안내자가 필요했다.

**[도서정보]**
– 저자 : 구본형, 박미옥, 정재엽    – 출판사 : 생각정원
– 출간일 : 2014년 2월 10일       – 페이지 : 444page
– 책의 주제 : 조르바처럼 자유롭게, 다산처럼 인간답게 내일이 없는 것처럼 오늘을 살아라.

**[책의 내용(줄거리)]**
2012년 8월부터 총 19주 동안 EBS FM 라디오 [고전읽기]를 진행하던 구본형 선생님이 돌아가시면서 제자 박미옥, 정재엽 연구원이 [고전읽기]와 [구본형 칼럼], [마음편지]에서 17편의 고전 내용을 정리한 책이다. 이 책은 동서양 17편의 고전을 언젠가 한 번은 하고 싶은 대로 마음껏 스스로 설계한 인생을 살기 위해 고군분투하는 사람들에게 '안내자'의 역할을 해주고 있다.

**[인상 깊은 구절]**
20년 후, 당신은 했던 일보다 하지 않았던 일로 인해 실망할 것이다. 닻줄을 풀어라. 안전한 항구를 떠나 항해하라. 당신의 돛에 무역풍을 가득 담아라. 탐험하라, 꿈꾸라. 발견하라 – 마크 트웨인 –

**[책을 읽고 난 후의 생각이나 느낌]**
한 페이지 한 페이지가 한 권 한 권을 요약해 놓은 듯하다. 릴케는 고민하는 시인 지망생에게 밖을 향한 시선을 안으로 돌리라고 충고한다. 방황하는 우리네들, 혼돈 속에 배움도 잊혀지고 깨달음도 허상이 되어, 내가 주인이 아니라 세상에게 내 주인을 허락하고 사는 우리네들에게, 나만의 북극성을 찾고 그 여정을 즐기기 위해 닻줄을 풀고 안전한 항구를 떠나 항해하라고 그것이 인생이고 삶이라고 용기를 준다. 고난과 인내가 우리의 삶을 더 빛나게 해주는 촉매제가 될 수 있다고. 나이듦이란 익숙한 삶에 안주하는 것을 의미한다 하지 않던가. 익숙한 삶에 안주하는 것을 용기 내어 거부하고 과연 이 길이, 이 선택이 옳은지 수없이 만나는 흔들림과 방황 앞에 위안과 위로 그리고 응원을 느낀다.

장르를 기입했으면 제목을 적고 저자와 시작일 등 독서 파일을 차례대로 적는다.

### ?! 독서모임에 참석하자

독서 후 독서 활동 중 하나는 독서모임에 참석하는 것이다. 독서모임을 통해 사람들과 함께 책의 이야기를 나누고 토론하는 과정에서 책을 깊이 이해할 수 있고 대화를 통해 다양한 관점의 생각을 나눠 볼 수 있는 계기가 된다. 무엇보다 좋은 것은 누군가에게 내가 정리한 책의 내용을 설명하는 과정에서 보다 더 완벽하게 책을 이해하고 오랫동안 기억할 수 있다는 것이다.

이 그림은 미국의 행동과학연구기관 NTL의 학습 효율성 피라미드

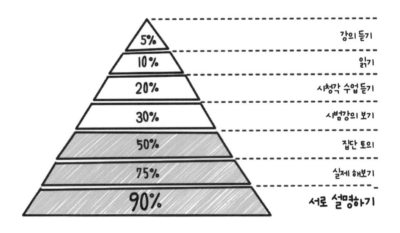

이다. 연구결과에 의하면 그저 읽기만 하는 것은 10%밖에 기억에 남지 않지만 서로 토론하고 설명하며 학습하게 되면 90% 이상의 내용이 기억에 남는다는 것이다. 상대에게 지식을 설명하고 설득하는 과정에서 두뇌가 활성화되고 한 번 설명한 것은 오랫동안 기억에 남게된다.

독서모임은 편안하게 책을 읽는 모임과 토론을 하는 형식이 있다. 책은 읽고 싶지만 시간이 없는 바쁜 직장인들에게는 가볍게 책을 읽으며 사람들과 유익한 시간을 보낼 수 있는 책 읽는 모임을 추천하고, 사고의 지평과 주제와 관련되어 다양하게 생각할 수 있는 색다른 독서활동을 원한다면 생각정리클래스 독서모임에 찾아오기를 바란다(독서모임에 대해서는 생각정리클래스에 문의).


## ?! 독서리스트를 작성하자

인생을 살아가면서 우리는 몇 권의 책을 읽을까? 통계자료를 보니 우리나라 성인들은 1년에 0.9권의 책을 읽는다고 한다. 한마디로 1년에 한 권도 채 읽지 않는 셈이다. 인생을 살아가면서 독서를 하지 않는다는 것은 안타까운 일이다. 독서가 주는 유익함이 상당하기 때문이다.

우리는 인생에서 하고 싶은 것을 모두 경험할 수 없다. 경험한 것보다 경험하지 못하는 것이 더 많고, 아는 것보다 알지 못하는 것이 더 많다. 그래서 독서를 통해 다양한 경험을 하게 되면 우리의 생각이 더 폭넓어질 수 있다. 또 독서는 우리의 삶을 혁명적으로 바꾼다. 한 권의 독서가 생각을 바꾸고 행동을 변화하게 만들기 때문이다.

좋은 책을 읽는다는 것은 좋은 스승을 만나는 것처럼 인생의 방향을 안내해 주는 길잡이가 되어준다. 그리고 독서를 통해 사고력을 극대화할 수 있다. 전두엽이 가장 활성화되는 시기가 바로 독서를 할 때이다. 새로운 지식을 습득하고 복잡한 내용을 처리하는 과정에서 두뇌가 활성화된다. 이처럼 독서의 유익함은 아무리 말해도 부족함이 없을 것이다.

그럼에도 불구하고 독서를 꾸준히 하지 못하는 이유는 독서전략이 없기 때문이다. 스스로 왜 독서를 해야 하는지, 그리고 어떻게 할 것인지 자신만의 방법을 마련해야 한다. 추천하는 방법 중 하나는 '독서리스트'를 작성하는 것이다.

독서리스트는 자신이 읽은 책을 기입하는 리스트를 말한다. 독서리스트가 좋은 이유는 한 권 한 권 읽었던 책이 리스트에 기록될수록 자존감이 생기기 때문이다. 독서에 있어서 자존감은 꾸준히 책을 읽을 수 있는 동력이 된다. 또 독서리스트를 작성하면 읽은 책의 장르를 분류할 수 있기 때문에 좋아하는 장르만 편중해서 읽는 것을 방지할 수 있다. 좋아하는 책을 꾸준히 읽어 전문성을 기르는 것도 좋지만 다양한 분야의 책을 읽으면서 생각의 폭을 넓히는 것도 중요하다.

그렇다면 독서리스트는 어떻게 작성할까? 방법은 간단하다. 리스트에 있는 양식에 맞춰 책의 장르와 제목 그리고 저자를 기입한다. 그다음 시작일과 완료일을 기록한다. 만일 책을 끝까지 읽지 않았다면 중간에 읽지 않은 이유 정도를 리스트에 기록해 두면 좋다. 그리

생각정리스킬

| 독서 리스트 | | | | | |
|---|---|---|---|---|---|
| | 장르 | 제목 | 저자 | 시작일 | 완료일 |
| 1 | | | | | |
| 2 | | | | | |
| 3 | | | | | |
| 4 | | | | | |
| 5 | | | | | |
| 6 | | | | | |
| 7 | | | | | |
| 8 | | | | | |
| 9 | | | | | |
| 10 | | | | | |
| 11 | | | | | |
| 12 | | | | | |
| 13 | | | | | |
| 14 | | | | | |
| 15 | | | | | |
| 16 | | | | | |
| 17 | | | | | |
| 18 | | | | | |
| 19 | | | | | |
| 20 | | | | | |

독서가는 정보와 지식을 주로 활자에 의해서 얻는 습관이 있는 사람을 말한다.
— Mortimer J. Adler

고 독서리스트를 작성할 때 책을 얼마나 읽을 것인지 목표치를 미리 적어둔다면 더 큰 성취감을 얻을 수 있을 것이다.

책을 얼마나 읽으면 좋을까? 사람마다 차이가 있겠지만 기본적으로 100권 읽기를 추천한다. 무슨 일이든 임계치가 있다. 독서에 있어서는 100권 정도를 읽게 되면 새로운 세계가 보이게 된다. 또 독서습관을 만들 수 있게 되며 무엇보다도 자신감이 생겨서 꾸준히 책을 읽을 수 있는 힘이 생길 것이다. 이번 기회에 '1년 100권 독서 프로젝트'를 해보는 것은 어떨까? 독서리스트를 통해 통계도 낼 수 있으며 성취감까지 얻을 수 있다. 《생각정리스킬》을 계기로 당신의 목표를 달성하기를 바란다.

# 6장

생각정리를
잘하면
스피치는 덤이다!

# 01

# 스피치가
# 두려운 당신

**?!** **생각정리가 스피치에 도움이 된다고?**

생각정리클래스의 정규과정을 수료할 때가 되면 학습자들 모두에게 신기한 일이 벌어진다. 생각정리하는 방법을 배웠는데 참석한 학습자 전원의 스피치 실력이 향상되는 것이다. 한 학습자가 생각정리클래스에 이런 후기를 남겼다.

"저는 내성적인 성격으로 어렸을 때부터 남들 앞에서 말하는 것이 두려워 고민이 많았습니다. 스피치 학원을 갈까 고민을 하다 우연히 알게 된 생각정리스킬 정규과정에 참석하게 되었는데요. 분명 생각정리하는 방법을 배웠는데 스피치 실력이 향상되서 놀랐습니다."

생각정리스킬

어떻게 이런 일이 가능할까? 사실 이 결과는 놀라운 일이 아니다. 생각과 말은 연결되어 있기 때문에 생각정리를 잘하면 스피치가 덤으로 따라오는 것은 너무나 당연한 결과이다. 두서없이 생각하면 두서없이 말하게 되고, 논리적으로 생각하면 논리적으로 말하게 된다. 스피치의 실력은 어떻게 준비를 하느냐에 따라 크게 차이가 생긴다.

　하지만 안타깝게도 대다수의 스피치 강사들은 생각정리보다 비언어커뮤니케이션에 집중적으로 교육을 하고 있다. 내용에 대해 생각을 정리하는 시간보다는 목소리·제스처와 같은 비언어커뮤니케이션의 중요성을 지나치게 강조한다. 그 이유가 무엇일까? '메라비언의 법칙'을 오해하고 있기 때문이다.


## ?! 메라비언의 법칙이 오해라고?

메라비언의 법칙이란 미국 UCLA 대학의 심리학 교수 앨버트 메라비언이 그의 저서 《Silent message》에서 비언어커뮤니케이션의 중요성에 대해 설명한 데에서 유래하고 있다. 구체적으로 메라비언은 '커뮤니케이션에 있어서 말하고 있는 내용과 목소리 톤, 태도에 모순이 있을 때 사람은 어떤 반응을 보이는가'에 대한 연구에서 다음과 같은 수치를 내었다.

　이 결과를 보면 '스피치에 있어서 내용은 거의 중요하지 않다는 것인가?' 하는 의문이 들 수 있다. 실제 아직도 많은 스피치 강의에서는 내용이 중요하지 않다거나 내용보다 비언어커뮤니케이션이 중요

하다고 강조하고 있다. 위의 수치를 보면 내용(언어정보)이 고작 7%밖에 되지 않기 때문이다.

다행히도 이것은 분명한 오해다. 메라비언 자신도 "나의 연구를 오해하고 있다. 언어의 전달력이 고작 7%뿐이라는 바보 같은 이야기가 있을 리가 없다"라고 말했다. 이 연구는 커뮤니케이션이라는 범위 내에서 이루어진 것이다. 스피치에서는 수치가 적용되지 않았다는 것이다. 그럼에도 불구하고 여전히 메라비언의 법칙을 근거로 비언어커뮤니케이션 중심의 스피치 교육을 하고 있다. 비언어커뮤니케이션 교육의 필요성을 강조하는데 도움이 되는 근거라고 생각하기 때문이다. 하지만 이것은 오해일 뿐이다. 어떻게 스피치의 내용이 중요하지 않겠는가? 생각정리를 잘해야 스피치를 잘할 수 있다는 것을 기억하자.

# 02

# 스피치를 하기 전
# 생각정리가 필요한 이유

스피치를 하기 전에는 반드시 생각정리가 필요하다. 생각정리의 과정에서 스피치의 내용이 명확해지기 때문이다. 지금부터는 스피치에 있어서 생각정리가 필요한 이유 3가지를 설명하겠다.

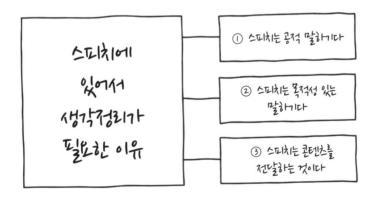

**?!** **스피치는 공적 말하기다**

일단 스피치는 사적 말하기가 아니라 공적 말하기이다. 일상적인 대화가 아니라는 것이다. 일상대화는 사적인 주제로 소수의 사람들에게 말을 하는 행위로, 공간도 시간도 제약이 없기 때문에 자유로운 주제로 제한 없이 이야기할 수 있다. 반면 스피치는 소수가 아닌 다수의 사람들에게 공공의 주제로 말을 하는 행위이다. 따라서 말의 책임수위가 높고 게다가 공간도 시간도 한정되어 있기 때문에 반드시 미리 준비를 해야 한다.

대중 앞에 서서 스피치를 한다는 것은 결코 쉬운 일이 아니다. 생각정리를 하지 않고 일상대화 하듯 즉흥적으로 말을 했다가는 두서없이 생각을 전달하게 되거나 말실수를 하기 마련이다. 천성적으로 말을 잘한다고 그 재능 하나 믿고 준비 없이 무대에 올라갔다가 큰코다친 연사들을 많이 보았다. 스피치는 단순히 말장난이 아니다. 스피치는 청중들의 믿음과 신념, 행동을 변화시키는 행위이기 때문에 반드시 생각을 다듬는 생각정리의 시간이 필요하다.

| 일상대화와 스피치 비교 | | | | | | | | |
|---|---|---|---|---|---|---|---|---|
| 구분 | 형태 | 주제 | 청중 | 책임수위 | 시간 | 말투/어휘 | 비언어 | 준비성 |
| 일상대화 | 사적 말하기 | 사적 주제 | 소수 | 낮음 | 자유 | 비격식체 | 자연스러움 | 즉시 |
| 스피치 | 공적 말하기 | 공공 주제 | 다수 | 높음 | 제약 | 격식체 | 의도적 조절 | 준비 |

## ?! 스피치는 목적성 있는 말하기다

두 번째로 스피치는 목적성이 있는 말하기다. 목적이 있다는 것은 목적을 달성하기 위해 전략적인 준비가 필요하다는 것이다. 전통적으로 스피치는 정보제공스피치, 설득스피치, 의례스피치, 유흥스피치 등 크게 4가지로 구분할 수 있다.

'정보제공'을 잘하기 위해서는 어떻게 하면 설명을 잘할 수 있을지 정리가 필요하기 때문에 생각정리를 얼마나 잘하느냐에 따라 더 분명한 메시지로 전달할 수 있다. '설득스피치'는 대상의 신념·행동·태도를 변화시키는 스피치다. 일반적으로 사람들의 신념과 행동 그리고 태도는 쉽게 바뀌지 않는다. 따라서 설득스피치를 잘하기 위해

서는 스토리텔링 기법이나 서론·본론·결론에 입각한 논리 구성이 철저하게 이루어져야 한다. '의례스피치'는 각종 축사나 취임사·격려사 등을 위한 스피치를 말하는데, 원활한 행사 진행을 위해서는 행사순서·메시지 등을 정확하게 정리해야 한다. 즐기기 위한 '유흥스피치' 역시 마찬가지다.

이처럼 스피치의 종류는 다르지만 공통적으로 스피치는 목적성이 있기 때문에 사전에 생각정리가 필요하다.


### ?! 스피치는 콘텐츠를 전달하는 것이다

콘텐츠란 여러 가지 사전적 의미가 있겠지만 스피치에 있어서 콘텐츠란 '잘 다듬어진 내용'이다. 재미있거나 유익하거나 감동이 있는 내용, 다른 사람들에게 지식과 희망과 감동을 줄 수 있는 내용이 바로 스피치 콘텐츠다. 이러한 콘텐츠는 한 번에 만들어지는 것이 아니라 정교하게 스피치를 준비하는 과정에서 멋진 콘텐츠가 만들어진다.

그리고 좋은 콘텐츠는 연사의 공신력을 만든다. 공신력은 청중이 연사를 신뢰하는 마음이다. 청중이 연사를 신뢰하게 되면 그다음부터 스피치는 어렵지 않게 진행된다. 반면 공신력이 무너지면 우호적으로 앉아 있던 청중도 적대적으로 반응하게 된다.

따라서 연사는 반드시 좋은 콘텐츠를 만드는데 힘써야 한다. 좋은 콘텐츠를 만들기 위해서는 먼저 기획을 잘해야 한다. 기획은 스피치에 대한 큰 그림을 그리는 것이다. 서론·본론·결론에 어떤 말을 어

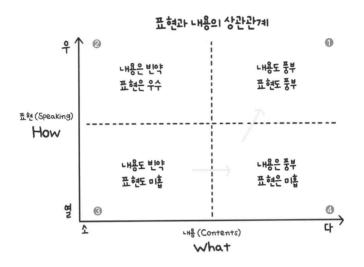

표현과 내용의 상관관계

② 우
내용은 빈약
표현은 우수

① 내용도 풍부
표현도 풍부

표현 (Speaking)
How

③ 내용도 빈약
표현도 미흡

④ 내용은 풍부
표현은 미흡

열

소                내용 (Contents)        다
What

떻게 해야 할지 설계하는 것이다. 사전에 기획을 통해 만들어진 스피치는 좋은 결과를 얻을 수 있다. 위의 그림을 통해 당신이 스피치를 준비해야 하는 방향성을 제시해 본다.

이것은 스피치에서 '표현과 내용의 상관관계'를 나타낸 그림이다. 한마디로 스피치에 있어서 표현이 먼저냐 내용이 먼저냐 하는 것을 말하고 싶은 것이다. 달걀이 먼저냐 알이 먼저냐 하는 것처럼 보이겠지만 결론부터 말하자면 스피치는 표현보다 내용이 먼저다.

총 4사분면이 있는데, 우리가 지향해야 하는 방향은 바로 1사분면이다. 내용도 풍부하고 표현도 풍부한 스피치 연사가 되는 것이다. 그런데 현실은 어떠한가? 어쩌면 당신은 3사분면에 해당될 수도 있다. 내용도 빈약하고 표현도 미흡한 그런 상황 말이다. 스피치가 두려운 이유가 여기에 있다.

**"내용도 표현도 미흡한데 무엇부터 어떻게 준비해야 하지?"**

마음 같아서는 2사분면으로 가고 싶다. 내용은 미흡하지만 표현은 화려한 2사분면 말이다. 지금 당장 시간도 없고 마음이 급하기 때문이다. 하지만 그 길은 추천하지 않는다. 빠른 길처럼 보이지만 결국 가장 느린 길이기 때문이다. 내용 없이 표현만 좋으면 말은 청산유수인데 내용은 오리무중이라는 냉혹한 평가를 받게 된다.

당신에게 추천하는 길은 바로 4사분면을 통해 1사분면으로 가는 것이다. 생각정리를 먼저하고 표현을 준비하는 것이다. 4사분면은 표현은 다소 미흡해도 내용이 좋은 스피치다. 대본이 논리적으로 구성되어 있고 풍부하고 유익한 사례로 가득 차 있다면 비록 발음·발성·목소리가 좀 미약하더라도 청중은 당신의 이야기에 귀 기울여 줄 것이다. 4사분면의 생각정리 과정이 완성된 후 1사분면으로 나아가자. 멋지게 완성된 스피치 내용을 어떻게 하면 비언어커뮤니케이션 요소로 빛낼 수 있을지 상상하자. 생각정리가 되고 그다음 표현을 준비하는 것이다.

# 03

# 스피치 달인들도
# 생각정리부터 시작한다

언젠가 개그맨 정찬우 씨의 인터뷰를 본 적이 있다. '말이란 무엇인가?'에 대한 재미있는 내용이 있었다. '어떻게 그렇게 재미있게 말을 하냐'는 인터뷰어의 질문에 정찬우 씨는 이렇게 답했다.

"재미있게 살기 때문이죠. 재미있게 생각하며 살다보니까 재미있게 말을 하게 되는 것입니다. 말은 그 사람의 생각과 인생을 따라가게 되어 있어요. 우울하게 생각하면 말에 힘이 쳐지고, 힘차게 살아가는 사람은 목소리도 우렁찹니다."

그의 한마디 한마디가 재미있었던 이유는 재미있게 생각하며 살아가기 때문이다. 생각이 곧 말이 된다. 그러므로 재미있게 말하고 싶다면 재미있게 생각하는 방법부터 배워야 한다. 한편 스피치를 잘하는 사람들은 평소에 생각정리를 잘하는데, 그들에게는 다음과 같은 공통점이 있다.

- 항상 메모한다
- 독서를 즐긴다
- 평소에 생각정리를 한다

### ?! MKYU 김미경 대표

MKYU 김미경 대표는 대중들에게 공감과 위로의 메시지를 전달하는 대한민국의 스타 강사다. 그녀의 스피치 비밀은 무엇일까? 그녀는 한 인터뷰에서 스피치 준비를 어떻게 하는지 그 과정을 밝혔다. 결론부터 말하자면 그녀가 말을 잘하는 이유는 생각정리에 있었다. 인터뷰 내용의 일부를 살펴보자.

"궁금한 것이 있으면 몇 십만 명이 넘는 SNS 친구들과 오프라인상의 지인들을 만난다. 궁금한 게 있으면 늘 물어보는 스타일이다. 예를 들어 추석이라면 SNS에서 묻는다. '추석 때는 뭐가 힘들어요?' '뭣 때문에 힘들었어요?' 그럼 댓글이 몇 천 개가 달린다. 얼마나 재미있는지 읽는 내내 사람들이 이런 생각을 하는구나 이해하게 된다. 여기에서 강의의 힌트와 재료를 얻게 된다."

그녀의 스피치의 비밀은 바로 생각정리에 있었다. SNS에서 이미 검증된 자료를 찾아보는 것이다. 공감이 되는 말을 하기 위해 공감되는 내용부터 찾는 것이다. 그렇게 찾은 자료를 다시 자신의 스토리에 입혀 재구성한 다음 스피치를 한다. 이어서 그것을 어떻게 스피치화 시키는지 살펴보자.

"나는 이론이 아닌 사람들의 실생활에 접근해서 얘기한다. 책의 내용은 강사의 몸을 통과해야 말이 씌워진다. 자신의 몸을 통과하지 않은 말은 어렵게 하게 된다. 마치 책처럼. 어렵게 말하지 않기 위해 사람들을 많이 만나 이야기를 듣는다. 그 사람들의 생활 속 고민을 듣다 보면 그 고민의 지점이 나에게도 있었음을 알게 된다. 그렇게 다른 사람의 생각과 책의 이론이 나의 몸을 1, 2년간 통과하고 나면 마치 옆집 언니한테 얘기를 듣는 것처럼 말이 굉장히 쉬워진다. 결국 듣는 청자는 오래 머리로 생각하지 않아도 가슴으로 그냥 0.1초 만에 바로 내 얘기처럼 들을 수 있게 된다. 그것을 위해 노력한다."

## ?! 방송인 김제동

네이버 '지식인의 서재'를 보면 대한민국의 지식인들이 나온다. 이들은 모두 책을 통해서 지식을 얻는다. 그렇게 얻은 지식이 생각이 되고 말이 된다. 책을 통해 만들어진 지식인이 있다. 바로 방송인 김제동이다.

"나의 서재는 사람들을 만나는 곳입니다."

김제동은 중학교 시절 사고가 나서 숙모 댁에 머물게 되었는데 그 곳에서 할 일이 없어 서재에 있는 책을 모조리 다 읽었다고 한다. 그 때부터 책과 대화하는 훈련이 된 셈이다. 김제동의 스승으로 유명한 방우정 씨는 한 인터뷰에서 1991년 자신을 찾아온 김제동의 모습 중 그때나 지금이나 변하지 않은 것이 하나 있다고 했다.

항상 백팩을 매고 왔는데 그 안에는 3가지가 있다는 것이다. 노트북, 녹음기, 신문과 책을 항상 가지고 다니며 세상의 모든 지식을 자신의 것으로 만들었다고 한다. 그래서일까? 김제동의 스피치는 남다르다. 가볍게 던지는 농담 속에도 사회를 풍자하는 깊이가 들어있다. 또 그가 하는 말 한마디 한마디가 어록이 된다. 그 힘은 평소 메모와 독서 그리고 생각정리를 하는 습관을 통해 비로소 만들어진 것이다.

### ?! 생각정리 강사 복주환

필자 역시도 스피치를 잘하기 위해 평소에 생각정리를 한다. 10년 이상 매일같이 일기쓰기와 독서 그리고 메모하기를 실천하고 있다. 필자가 군 입대를 하고 훈련소에 있을 때의 일이다. 3주 정도 지났는데 '천안함 피격사건'이 발생했다. 훈련소는 발칵 뒤집혔고 외부와 단절되었던 훈련병들은 모두 전쟁이 난다는 생각에 긴장을 멈출 수 없었다. 훈련소에서는 인터넷도 TV도 제대로 볼 수 없었기 때문에 불안

감은 더욱 커졌고 전쟁이 날 수도 있다는 생각에 화장실에서 몰래 우는 훈련병도 있었다. 나는 이 특별한 경험을 그림과 함께 일기에 적었다. 평화가 그립다고, 자유가 그립다고, 집에 돌아가고 싶다고…. 세세하게 그 상황을 기록해 두었다.

시간이 흐르고 병장이 되었다. 군대에서 267권의 책을 읽고 매일 사색하고 일기를 썼다. 군에 있다 보니 조지오웰의《1984》, 도스토예프스키의《죄와 벌》과 같은 평화와 자유에 대한 주제의 책을 많이 읽게 되었다.

전역을 3개월 앞두고 중대장님께서 육군훈련소에서 개최하는 발표력 경연대회에 참석해 보지 않겠냐고 권하셨다. 주제는 '연평도 포격도발 1주년'이었다. 어려운 주제였지만 평소에 관련 주제를 스크랩하고 생각을 잘 정리해 둔 덕분에 발표 준비를 수월하게 할 수 있었다. 특히 일기장에 기록해 두었던 천안함 피격사건 에피소드는 스피치의 좋은 소재가 되었다. 청중의 주목을 끌 수 있는 아이디어를 고민하던 중 브라운 아이즈의 '벌써 1년'이라는 노래가 떠올랐다. 노래를 부르면서 발표를 시작하면 어떨까? 주의를 집중할 수 있고, 1년이라는 단어가 주제와 가깝기 때문에 도입에서 본론으로 전환하기가 매끄러웠다.

"처음이라 그래, 며칠 뒤엔 괜찮아져. 그 생각만으로 벌써 1년이.
브라운 아이즈의 '벌써 1년'입니다. 연평도 포격도발도 벌써 1년입니다."

결과는 어떻게 되었을까? 800명의 참석자 가운데 전체 1등을 하게 되었다. 필자는 자신 있게 말할 수 있다. 스피치 대회에서 우수한 성적을 거둘 수 있었던 비결은 평소 생각정리를 잘해 둔 덕분이었다. 매일 일기를 쓰는 습관, 매일 독서를 하는 습관, 매일 사색을 하는 습관이 스피치를 잘할 수 있게 만들어준 것이다.

스피치를 잘할 수 있는 방법은 평소에 생각정리를 하는 것이다. 틈틈이 메모하고 기록한 생각이 훗날 당신의 스피치를 빛내줄 재료가 될 것이라고 확신한다. 그러므로 스피치를 잘하고 싶다면 평소에 메모를 하자. 그리고 독서와 배움을 멈추지 말자. 날마다 사색하자. 그것이 스피치를 잘할 수 있는 지름길이다.

"노력하는 자, 즐기는 자를 이길 수 없고,

즐기는 자, 준비하는 자를 이길 수 없다"

### ?! 한마디로 '무엇'을 말하고 싶은가?

이제 스피치에 대한 생각정리를 어떻게 해야 하는지 알아보자. 보통 우리는 체계적인 순서로 생각을 정리하는 것이 아니라 주제에 맞춰 대강 내용을 작성하고 준비한 뒤 곧바로 스피치를 한다. 그 이유는 스피치를 위한 생각정리법을 제대로 알지 못하기 때문이다.

부실공사로 인해 건물이 한 순간에 무너지듯이 생각정리를 제대로 하지 않으면 결코 자신감 있는 스피치를 할 수 없다. 또한 당신이 원하는 만큼의 좋은 결과를 맞이할 수도 없다. 아무리 내용이 화려하더라도 핵심 메시지가 없으면 듣는 이들에게는 그저 공허한 메아리에 불과하다.

스피치를 왜 하려고 하는가? 단순히 대중 앞에서 스피치를 하고 싶어서인가? 아니면 스피치를 할 수밖에 없는 어쩔 수 없는 상황이 생겼기 때문인가? 스피치를 해야 하는 여러 가지 이유가 있을 것이다. 이유야 어쨌든 만약 당신이 스피치를 하게 되었다면 가장 중요한 사실 한 가지를 기억해야 한다. 스피치에 있어서 가장 중요한 것은 바로 '당신이 하고 싶은 말 한마디를 찾는 것'이라는 사실을 말이다.

쇼펜하우어는 《문장론》에서 사색 없이 만들어진 문장이 타인의 머릿속을 혹사시킨다고 했다. 핵심 메시지가 분명하지 않다면 스피치를 하는 최종목적인 소통이 이루어지지 않는다. 아무리 화려한 수사로 천만 마디를 할지라도 핵심이 없으면 듣는 이들의 마음에는 공허함만 남게 될 뿐이다.

당신이 아무리 발음이 좋다 할지라도, 멋진 목소리를 가졌다고 할지라도 핵심 메시지가 없으면 '뜻 없는 소리'에 불과하다. '분명한 소리'가 없기 때문이다. 분명한 소리란 '핵심 메시지'다. 따라서 생각정리스피치는 '핵심 메시지'를 선정하는 것부터 준비가 시작되는 것이다.

# 04

## 생각정리스피치
## 5단계 프로세스

스피치를 하기 위한 생각정리의 프로세스를 알아보자.

일반적인 스피치 프로세스는 '내용 작성 → 스피치'로 간단하게 이루어진다. 반면 생각정리스피치 프로세스는 5단계로 세분화되어 진행된다. 스피치 정리 순서는 ① 누구에게 스피치를 할 것인지 정하고, ② 말하고 싶은 주제를 선정한다. ③ 질문을 나열하여 줄거리를 간략하게 정리한 뒤 ④ 목차를 설계하고 ⑤ 다양한 사례로 내용을 풍성하게 한 뒤 실전에 필요한 대본을 구성한다.

단계별로 차근차근 생각정리를 하는 과정에서 당신의 생각은 점차 구체화되고 명확해진다. 스피치에 있어서 생각정리란 결국 당신의 한마디를 구체화하여 명확한 스피치를 하기 위한 준비과정이기 때문이다.

| 1단계 | 대상과 목적 분석 | 스피치를 누구에게 왜 말하는지 생각하라 |
|---|---|---|
| 2단계 | 주제 선정 | 한마디로 무엇을 말하고 싶은지 주제를 정하라 |
| 3단계 | 질문 나열 | 질문을 나열하여 주제를 정하라 |
| 4단계 | 목차 설계 | 서론·본론·결론에 맞춰 목차를 설계하라 |
| 5단계 | 내용 작성 | 다양한 사례로 내용을 풍성하게 하라 |

그렇다면 지금부터 생각정리스피치의 5단계 프로세스를 살펴보자.


### ?! 1단계) 대상과 목적 분석 : 스피치를 누구에게 왜 말하는지 생각하라

스피치 준비에 있어서 가장 먼저 해야 할 것은 무엇일까? 초보 연사들은 대부분 내가 하고 싶은 말, 즉 스피치의 주제부터 정하지만 그것보다 먼저 해야 할 일이 있다. 바로 '청중 분석'이다.

스피치는 혼자서 일방적으로 하는 것이라 듣는 대상에게 생각을 전달하면서 또 함께 소통해야 한다. 따라서 연사는 '누구에게, 무엇을' 말하고자 하는지를 가장 먼저 생각해야 한다. 스피치에서 실패하는 이유 중 하나는 청중 분석이 제대로 이루어지지 않았기 때문이다. 반면 청중 분석이 잘된 스피치는 더 큰 공감과 감동을 전해 줄 수 있다. 청중을 분석하는 이유는 연사가 청중과 눈높이를 맞춰 소통하려는 노력이기 때문이다.

청중 분석은 크게 두 단계로 구분이 된다. 첫 번째는 청중이 누구인지 구체화시키는 작업이고, 두 번째는 청중에게 필요한 메시지가 무엇인지 찾는 것이다.

### 1) 청중이 누구인지 구체화시켜라

먼저 스피치가 필요한 대상이 누구인지 구체적으로 분류해야 한다. 만약 당신의 스피치를 들어야 할 대상이 '학생'이라면 학교를 기준으로 어떤 학생인지 구분해 봐야 한다. 학생은 초등학생, 중학생, 고등학생, 대학생, 대학원생으로 나눌 수 있다. 초등학생은 저학년과 고학년으로 구분할 수 있으며, 중학생과 고등학생 역시 1학년부터 3학년까지 나눠볼 수 있다. 대학생 역시 전문대학과 일반대학 학생으로 나눈다면 2학년에서 4학년까지 구분되며, 대학원도 이와 마찬가지로 구분해 볼 수 있다.

이렇게 분류해 보면 스피치를 듣고자 하는 대상과 집단의 지적 수준이 모두 다르며 관심사나 목적이 다르다는 것을 확인할 수 있다. 예를 들어 중학생과 고등학생의 지적 수준과 관심사는 다르다. 고등학교 3학년 학생들은 수능에 대해 관심을 가지고 있지만 중학교 1학년 학생은 그렇지 않다. 또한 스피치를 듣는 대상의 남녀 성비에 따라서도 스피치를 듣는 분위기가 많이 달라진다. 남자는 이성적인 반면, 여자는 감성적인 면이 더 크기 때문이다. 학교에 적응을 잘하는 학생들도 있지만 학교에 적응을 못하는 부적응 학생들도 있다. 일반 학생들에게 해야 할 주제와 학교에 적응하지 못하는 아이들에게 해야 할 주제는 분명히 다를 것이며, 또 스피치를 하는 방식에도 큰 영향을 미치게 될 것이다. 이처럼 대상을 분석할 때에는 남녀 성비, 인원, 나이, 하는 일, 기호와 관심사 등을 세세하게 쪼개서 생각해 봐야한다.

## 2) 청중에게 필요한 메시지를 전달하라

스피치를 하고자 하는 대상에게 왜 당신의 스피치를 전해야 하는지 목적을 파악해야 한다. 목적을 파악한다는 것은 청중이 당신의 스피치를 들어야만 하는 이유를 생각해 보는 것이고, 스피치를 하는 장소나 행사의 취지를 미리 살펴보는 것이다. 따라서 행사를 주최하는 사람에게 어떤 메시지가 필요한지 미리 물어보는 것도 좋은 방법이다.

　예를 들어 직장인을 대상으로 독서와 관련된 스피치를 하는 자리라고 생각해 보자. 그 행사가 개최된 이유가 있을 것이다. '직장인들에게 독서가 필요하기 때문에'라는 이유일 수도 있고 '독서 토론을 잘하는 방법'이 목적이 될 수도 있다. 또 '인문고전 독서의 중요성을 깨닫게 하기 위함'일 수도 있다. 따라서 연사는 내가 참석하는 행사의 목적을 반드시 확인해야 한다. 대상과 목적에 따라 주제가 달라지게 되고, 주제가 달라지면 논리 구성도 바뀌게 된다. 당신이 무슨 말을 해야 할지 결정하지 못했다면 나는 누구에게 무엇을 말하려고 하는지를 먼저 생각해 보자. 누구에게 왜 말하는지를 안다면 무슨 말을 해야 하는지는 자연스럽게 결정될 것이다.

### ?! 2단계) 주제 선정 : 한마디로 무엇을 말하고 싶은지 주제를 정하라

대상과 목적이 명확해졌으면 그다음은 주제를 선정해야 한다. 사실 당신이 전하고 싶은 한마디를 정했다면 스피치의 절반은 완성된 것이나 다름이 없다. 스피치의 내용은 결국 한마디가 점점 확장되어 완성된 것에 불과하기 때문이다. 그렇다면 주제를 어떻게 찾을 수 있을까?

4장에서 살펴본 만다라트를 활용해 보자. 만다라트는 가로·세로 9칸씩 모두 81칸을 채우며 아이디어를 구체화하는 도구이다. 우선 가장 가운데 사각형의 중심에 스피치의 주제를 적는다. 다음으로 이를 둘러싼 8칸에 주제와 관련된 핵심 키워드를 적는다. 그리고 마지막으로 나머지 사각형의 칸에 핵심 키워드에 대한 하위내용을 적는다.

좋은 재료에서 맛있는 음식을 만들 수 있듯이 이야깃거리가 풍성할수록 매력 있는 스피치를 할 수 있다. 다음의 만다라트를 보며 '생각정리'라는 주제가 어떻게 구체화되는지 살펴보자.

먼저 중심에 '생각정리'라는 주제를 넣는다. 다음으로 이를 둘러싼 8칸에 '생각정리'와 관련된 핵심 키워드를 적는다. '독서, 기획, 업

생각정리스킬

무, 도구, 문제점, 원리, 인생, 스피치'와 같은 연관 키워드를 생각했
다. 주제를 찾을 때 만다라트가 좋은 이유는 무의식적으로 비어있는
칸을 채우고자 하는 심리가 작용하여 다양한 아이디어가 떠오르기
때문이다.

| | | |
|---|---|---|
| 독서 | 기획 | 업무 |
| 도구 | 생각정리 | 문제점 |
| 원리 | 인생 | 스피치 |

8가지의 핵심 키워드를 작성했으면 나머지 사각형의 칸에 세부내
용을 작성해 보자. 예를 들어 '생각정리' 주제에서 떠올렸던 '독서'라
는 핵심 키워드와 관련해 '여백독서법, 후기작성법, 추천도서, 검색
독서법, 독서종류, 기억에 남는 독서법, 독서법, 독서리스트'와 같이
8개의 세부내용을 작성해 보는 것이다.

세부내용을 적을 때에는 좋은 키워드를 찾아야 한다는 부담감을
내려놓고 다양한 각도에서 자유롭게 작성하기 바란다. 좋은 키워드
는 많은 키워드에서 나오기 때문이다. 주제와 관련성이 없으면 버리
고 또다시 찾으면 그만이다. 주제를 찾는 단계에서는 아이디어를 최
대한 많이 생각해서 기록해 두자. 잘 보관해 둔 자료가 훗날 다른 아
이디어와 연결이 되며 좋은 아이디어로 재탄생할 것이다.

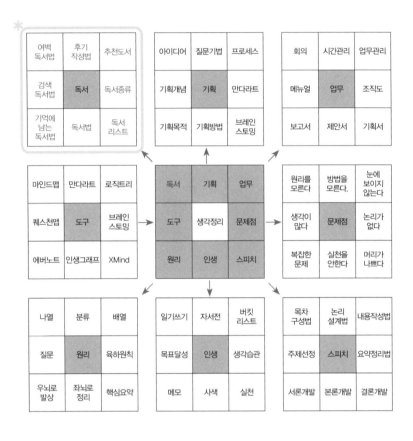

**?!** **3단계) 질문 나열 : 질문을 나열하여 줄거리를 정리하라**

만약 당신이 스피치 주제를 '독서'로 정했다면 이제는 '독서'에 대한 줄거리를 간략하게 정리해야 한다. 줄거리는 스피치의 주제가 좀 더 구체적으로 확장되는 단계이다. 주제를 줄거리로 확장할 수 있는 방법은 무엇일까? 바로 '질문'을 활용하는 것이다. 예를 들어 '인생을 성장시키는 독서'와 관련된 주제로 강의를 하고자 한다면 그와 관련된 질문을 다양한 각도에서 다음과 같이 나열하고 순서를 정리한다. 내용의 우선순위를 정할 때에는 '내가 말하고 싶은 순서'와 '상대방이 궁금해 하는 순서'를 기준으로 정리한다. 내가 말하고 싶은 순서와 상대가 궁금해 하는 순서가 일치할수록 논리적인 스피치를 할 수 있다. 이를 생각하며 배열을 해보았다.

① 언제 독서를 해야 하는가? → 독서를 하면 좋은 시기
② 누구에게 독서가 필요한가? → 독서가 필요한 대상
③ 왜 독서를 해야 하는가? → 독서를 하는 목적
④ 어떤 종류의 책을 읽어야 하는가? → 책의 종류
⑤ 어떻게 책을 읽어야 하는가? → 책을 읽는 방법
⑥ 독서의 효과는 무엇인가? → 독서의 효과

한 번 정해진 순서는 고정되는 것이 아니라 상황과 목적에 따라 탄력적으로 변형될 수 있음을 기억하자. 여기에서 한 가지 팁은 순서를 배열할 때에는 숫자를 활용하는 것이 좋다는 것이다. 번호가 있으면 질문이 어느 정도 있는지 한눈에 볼 수 있기 때문이다. 이처럼 질문의 우선순위를 정했으면 다음과 같이 스피치의 줄거리를 대략 정리해 보자. 순서를 배열하는 과정에서 이미 논리가 생겼기 때문에 하고자 하는 말이 조금은 구체적으로 정리되었음을 알 수 있다. 이때 완벽하게 정리해야 한다는 부담을 갖지 않아도 좋다. 프로세스의 단계에 따라 줄거리는 점차 완성될 것이기 때문이다.

가을은 독서의 계절이라고 한다. 독서는 누구에게 필요하며 독서를

해야 하는 이유는 무엇인지 설명하고 책의 종류에 따른 책 읽기 방법
을 말하고자 한다. 더불어 독서를 통해 인생이 성장하고 변화할 수 있
음을 주장하고자 한다.

### ?! 4단계) 목차 설계 : 서론·본론·결론에 맞춰 목차를 설계하라

이제 스피치 목적에 맞게 임시목차를 설계해야 한다. 논리적으로 말
하거나 설득을 하는 스피치는 기본적으로 '서론·본론·결론' 형식으
로 구성한다. 보통 논설문의 구성이 서론·본론·결론으로 짜여져 있
는데, 스피치의 논리를 구성하기 위해서는 서론·본론·결론의 역할
을 정확하게 이해하고 있어야 한다.

그렇다면 서론이 왜 필요하고, 본론은 어떤 역할을 하며, 결론이
중요한 이유는 무엇일까? 당연히 짜임새 있는 구성을 완성하기 위함
이다. 각 짜임에서 유의해야 할 점들을 살펴보면 다음과 같다.

- 서론 : 서론에서는 주장하고자 하는 문제가 무엇인지 밝히고,
  스피치를 하는 동기와 목적을 설명한다. 특히 사람들의 호기심
  을 불러일으켜 스피치에 집중하도록 해야 한다.
- 본론 : 본론은 스피치의 중심 부분으로, 주장 또는 주제에 대
  한 근거를 전개하는 내용으로 구성해야 한다. 논리정연하게 내
  용을 작성해야 하며, 서론이나 결론보다 길어야 한다는 특징이
  있다.
- 결론 : 본론의 내용을 요약하고 정리하면 좋다. 앞으로의 전망

등을 간결한 메시지로 정리하는 것이 바람직하며, 명언과 같은
감동적인 메시지로 마무리하면 좋다.

| 주제 : 독서는 당신의 인생을 변화시킨다! | |
|---|---|
| 〈서론〉 | 1. 독서의 계절에 책을 읽지 않는 사람들<br>　1) 독서를 하면 좋은 시기<br>　2) 독서를 하지 않는 문제점<br>　3) 독서가 필요한 대상 |
| 〈본론〉 | 2. 독서는 당신의 인생을 변화시킨다.<br>　1) 독서를 하는 목적<br>　2) 책의 종류<br>　3) 책을 읽는 방법 |
| 〈결론〉 | 3. 변화하기 위해서는 독서를 실천해야 한다.<br>　1) 독서의 효과<br>　2) 독서를 통해 변화한 사람들<br>　3) 독서 실천 방법 |

'생각정리'라는 키워드에서 발견한 '독서'라는 주제가 구조화되면
서 구체화되었음을 알 수 있다. 스피치의 기본 골조를 잘 세운다면
논리적인 스피치를 할 수 있다. 목차는 스피치의 뼈대다. 당신의 스
피치가 비논리적이라고 느껴진다면 스피치의 목차 구성을 다시 다듬
기 바란다.

### ?! 5단계) 내용 작성 : 다양한 사례로 내용을 풍성하게 하라

목차를 세웠으면 다양한 사례로 스피치의 내용을 풍성하게 만들 차
례이다. 스피치와 관련된 자료는 평소에 틈틈이 수집해야 한다. 관심

을 가지고 주변을 관찰하다 보면 스피치 재료가 되는 수많은 정보들이 있다. 정보는 크게 3가지 대상에서 찾을 수 있으며, 각각의 특징과 정보 수집시 유의할 점은 다음과 같다.

### 1) 남들이 만들어 놓은 것

남들이 만들어 놓은 정보 중 대표적인 것은 책이다. 책은 한 가지 주제에 대한 빅데이터라 해도 과언이 아니다. 스피치 주제와 관련된 좋은 책을 찾는다면 수많은 정보와 지식을 한 번에 얻을 수 있다. 더불어 인터넷 기사, 논문뿐만 아니라 각종 영상자료 및 영화, 드라마와 같은 콘텐츠에서도 정보를 얻을 수 있다.

다만 남들이 만들어 놓은 정보는 주관성이 강한 정보도 많기 때문에 목적을 명확히 하고 객관성을 유지해 찾아야 한다. 또한 정보를 사용할 때에는 출처를 분명히 밝혀 저작권에 문제가 생기지 않도록 유의한다.

### 2) 현장에 존재하는 것

3가지 대상 중 가장 신뢰성이 높은 정보는 바로 '현장에 존재하는 것'이다. 따라서 현장에서 직접 본 사실을 잘 정리하여 관련 근거로 사용한다면 차별화된 내용을 만들 수 있다.

하지만 현장에 존재하는 정보는 눈앞에 보이는 사실에 불과하기 때문에 전문성이 떨어질 수 있으니 정보를 수집할 때에는 최대한 사실지향적으로 접근해야 하며, 기준을 명확히 해야 한다는 것을 기억하자.

### 3) 개인이 보유하고 있는 것

3가지 정보 중에 가장 전문성이 높은 것은 바로 개인이 보유하고 있는 정보이다. 자신의 경험과 생각·상상 등이 포함되는데, 개인이 보유하고 있는 정보는 자신만의 것이기 때문에 전문성이 높다는 장점이 있다. 하지만 일반화가 어렵다는 한계가 있기 때문에 스피치를 할 경우 개인이 보유하고 있는 정보를 근거나 사례로 사용하기 위해서는 청중과 관계적 공감대를 만들어야 하며, 반대로 누군가의 경험을 들을 때에는 상대의 전문성을 존중해야 한다.

스피치에 필요한 다양한 정보는 스피치의 주장을 입증하는 사례·통계·증언 등으로 활용될 수 있다. 한마디로 스피치의 풍성한 내용이 되는 것이다. 스피치의 공신력을 높이기 위해서는 개인의 생각은 물론 남들이 만들어 놓은 전문지식과 현장의 사실 정보를 함께 전달하는 것이 좋다.

자, 그럼 '독서'라는 주제에 대한 목차에 어떤 내용이 추가되었는지 다음 쪽의 표를 살펴보자. 이렇게 논리적으로 구조화시켜 논리 구성을 잘 해두었다면 말을 만드는 것은 그다지 어려운 일이 아니다. 살을 붙여 말하기만 하면 되기 때문이다. 보통 초보 연사들은 내용을 먼저 작성하는 경우가 많은데, 그렇게 되면 핵심에서 벗어나 지나치게 부연설명이 길어질 수 있다. 논리를 먼저 구성한 후 구조화된 내용이 어떻게 스피치 대본이 되는지 본론의 '독서를 하는 목적'을 통해 살펴보자.

|  |  |  |
|---|---|---|
| 〈서론〉 | 1. 독서의 계절에 책을 읽지 않는 사람들 | 1) 독서를 하면 좋은 시기<br>   - 가을은 왜 독서의 계절일까?<br>   - 독서는 어느 계절이나 할 수 있다.<br>2) 독서를 하지 않는 문제점<br>   - OECD 국가의 독서실태<br>   - 국민독서실태 결과 '한국인 3명 중 1명 1년간 책 한 권도 안 읽어'<br>3) 독서가 필요한 대상<br>   - 독서는 전 국민 모두에게 필요하다.<br>   - 특히 성장과 변화를 원하는 사람에게 필요하다. |
| 〈본론〉 | 2. 독서는 당신의 인생을 변화시킨다. | 1) 독서를 하는 목적<br>   - 즐거움과 호기심을 충족하기 위해<br>   - 새로운 지식과 정보를 쌓기 위해<br>   - 보다 더 행복하고 성공적인 삶을 살기 위해<br>2) 책의 종류<br>   - 행복과 기쁨과 감동을 주는 책<br>   - 일상에 도움을 주는 실용서적<br>   - 베스트셀러와 스테디셀러 그리고 인문고전<br>3) 책을 읽는 방법<br>   - 사색하며 독서하기<br>   - 정리하며 독서하기 |
| 〈결론〉 | 3. 변화하기 위해서는 독서를 실천해야 한다. | 1) 독서의 효과<br>   - 전두엽이 활성화되어 머리가 똑똑해진다.<br>   - 문제를 스스로 해결하고 생각할 수 있는 힘이 길러진다.<br>   - 세상을 바라보는 시야가 넓어진다.<br>2) 독서를 통해 변화한 사람들<br>   - 정약용, 장한나, 윌 스미스, 빌 게이츠 등<br>   - 나 자신이 변화한 개인 경험 사례<br>3) 독서 실천방법<br>   - 독서리스트 작성하기<br>   - 독서노트 활용하기<br>   - 독서를 꾸준히 한다면 당신도 변할 수 있다! |

〈독서를 하는 목적〉
• 즐거움과 호기심을 충족하기 위해
• 새로운 지식과 정보를 쌓기 위해
• 보다 더 행복하고 성공적인 삶을 살기 위해

"우리가 독서를 해야 하는 이유는 무엇일까요? 독서를 해야 하는 이유는 3가지입니다. 첫 번째는 즐거움과 호기심을 충족하기 위해서입니다. 우리는 독서를 하는 과정에서 평소에 관심이 있었던 새로운 지식을 받아들일 수 있고, 소설을 읽을 때는 주인공과 동일시되는 즐거움을 경험하기도 합니다. 두 번째는 새로운 지식과 정보를 쌓기 위해 독서를 합니다. 독서는 한 주제의 빅데이터라고 말하는 것처럼 수많은 양의 정보와 지식을 얻을 수 있습니다. 책 한 권을 읽을 때마다 지식의 풍요로움을 느낄 수 있습니다. 세 번째 가장 궁극적인 이유는 독서는 우리의 삶을 풍요롭게 한다는 것입니다. 우리는 한 번밖에 인생을 살 수 없습니다. 하지만 독서를 통해 다른 사람의 생각과 삶을 느끼고 체험해 볼 수 있는 소중한 시간을 갖게 됩니다. 그 과정에서 공감과 위로 그리고 행복감을 느끼게 됩니다."

이처럼 생각정리스피치 5단계 프로세스를 통해 논리 구성이 완성되었다면 이제부터는 열심히 준비한 스피치를 어떻게 표현할 것인지 생각해야 한다. 발음·발성·목소리·제스처와 같은 비언어커뮤니케이션과 함께 멋진 스피치를 만들어 보자. 연습은 실전처럼 하라는 말이 있다. 가수들이 한 곡의 노래를 부르기 위해 천 번 만 번 연습을 하는 것처럼 스피치를 연습해야 한다. 노력은 결코 당신을 배신하지 않을 것이다. 아브라함 링컨은 '준비'에 대해 이러한 말을 했다.

"나에게 나무를 벨 시간이 주어진다면 도끼를 가는데 80%를 쓰겠다."

만약 당신에게 스피치를 준비할 시간이 주어진다면 무엇부터 하겠는가? 바로 생각정리부터 시작해야 한다. 생각정리가 완벽히 되었다면 당신의 마음속에 자신감이 생길 것이다. 스피치의 자신감은 '자신'이 무엇을 말해야 하는지 확실히 '감'을 잡을 때 생기기 때문이다. 말은 생각을 정리하고 다듬을수록 정교해진다. 그리고 힘이 생긴다.

당신의 말 한마디는 누군가를 설득할 수 있으며 누군가에게는 희망이 될 수 있고 어떤 이의 인생을 바꿀 수도 있다. 그 한마디는 바로 '진심'이다. 우리가 스피치를 하는 이유도 바로 진심을 전하기 위해서가 아닐까? 생각정리스피치 5단계 프로세스를 통해 당신의 진심을 전할 수 있는 스피치를 멋지게 완성하기 바란다. 생각정리가 되면 스피치는 덤이다!

# Case Study | 한국사 전문가 설민석 스피치 분석

스피치를 잘하는 스타강사가 있다. 바로 설민석 강사이다.

그의 스피치의 특징은 무엇일까? 일단 명쾌하다. 군더더기 없이 핵심을 간추려 말하기 때문이다. 어려운 한국사도 누구나 이해할 수 있게 쉽게 풀어서 설명한다. 또한 CG를 활용해 영화처럼 재미있게 강의를 하다보니 〈명량〉〈국제시장〉〈인천상륙작전〉과 같은 유명한 영화의 홍보까지 담당했다. 역사 특강으로 진행되는 그의 스피치를 듣다 보면 영화를 보고 싶은 마음이 저절로 생긴다. 대중을 설득하는 것이 아니라 스스로 납득이 되는 스피치를 하기 때문이다.

설민석 강사의 스피치 비결은 무엇일까? 결론부터 말하자면 '생각 정리스피치'를 하기 때문이다. 그의 스피치 대본을 자세히 분석해 보면 우리가 설득될 수밖에 없는 완벽한 논리와 알찬 내용으로 정리되

어 있는 것을 확인할 수 있다.

　한동안 인기가 많았던 〈설민석의 김치역사특강〉을 통해 그가 어떻게 생각을 정리하고 스피치를 하는지 그 과정을 분석해 보았다. 다음 사례를 통해 생각정리스피치 5단계가 어떻게 진행되는지 이해하기 바란다.

**?! 〈설민석의 김치역사특강〉 스피치가 만들어지는 과정 분석**

**1) 대상과 목적 분석 : 스피치를 누구에게 왜 말하는지 생각하라**
김치를 사랑하는 대한민국 국민, 김치냉장고가 필요한 주부

**2) 주제 선정 : 한마디로 무엇을 말하고 싶은지 주제를 정하라**
오늘날 맛있는 김치를 먹기 위해서는 김치냉장고를 사야 한다.

생각정리스킬

## 3) 질문 나열 : 질문을 나열하여 줄거리를 정리하라

- 우리 민족의 과거 김장문화는?
- 과거 겨울철에 김장하는 방법은?
- 선조들이 땅에 김치를 묻었던 이유는?
- 오늘날 김치를 땅에 묻을 수 없는 문제점은?
- 오늘날 김장을 할 수 있는 방법은?
- 김치냉장고 제품 소개와 특징은?

과거 우리 선조들은 추운 겨울날 일정한 온도를 유지하기 위해 김치를 땅에 묻어 보관했다. 하지만 오늘날은 시대도 바뀌고 풍습이 달라져서 김치를 땅에 묻을 수 없게 되었다. 김장을 하기 위해서는 김치냉장고가 필요하다. 우리 회사의 김치냉장고를 소개하고 사야만 하는 이유를 구체적으로 스피치한다.

## 4) 목차 설계 : 서론·본론·결론에 맞춰 목차를 설계하라

| 주제 : 오늘날 김치를 맛있게 먹기 위해서는 김치냉장고가 필요하다! | |
|---|---|
| 〈서론〉 | 1. 과거의 김장문화 설명<br>1) 처음 김치를 먹었던 시기<br>2) 겨울철에 김장하는 방법<br>3) 선조들이 땅에 김치를 묻었던 이유 |
| 〈본론〉 | 2. 오늘날 김장에 대한 문제점과 해결책<br>1) 김치를 땅에 묻을 수 없는 문제점<br>2) 김장을 할 수 있는 방법<br>3) 김치냉장고의 필요성 |
| 〈결론〉 | 3. 자사의 김치냉장고 소개<br>1) 제품 소개<br>2) 제품 특징<br>3) 판매 멘트 |

## 5) 내용 작성 : 다양한 사례로 내용을 풍성하게 하라

| 주제 : 오늘날 김치를 맛있게 먹기 위해서는 김치냉장고가 필요하다! |
|---|

〈서론〉
1. 과거의 김장문화 설명
   1) 처음 김치를 먹었던 시기
      – 2000년 전 삼국사기 신문왕편 혜(김치)라는 용어 등장
   2) 겨울철에 김장하는 방법
      – 신라시대에는 석옹(돌로 만든 항아리)에 김치를 땅에 묻어 보관
   3) 선조들이 땅에 김치를 묻었던 이유
      – 일정한 온도를 유지하기 위한 천혜의 공간이기 때문에

〈본론〉
2. 오늘날 김장에 대한 문제점과 해결책
   1) 김치를 땅에 묻을 수 없는 문제점
      – 시대도 바뀌고 풍습도 달라져서 땅에 묻기가 쉽지 않다.
      – 설사 마당이 있어도 빌딩을 올리지 김치를 묻지 않는다.
   2) 김장을 할 수 있는 방법
      – 집에서 김치를 묻을 수 있는 땅, 김치냉장고가 생겼다.
   3) 김치냉장고의 필요성
      – 일정하게 온도를 유지한다.
      – 땅속 시스템을 혁신적으로 구현해냈다.
      – 김치냉장고가 있으면 김장을 할 수 있다.

〈결론〉
3. 자사의 김치냉장고 소개
   1) 제품 소개
      – 자사의 김치냉장고는 차가운 냉기를 머금은 소재가 있다.
      – 땅에 묻은 듯 오랫동안 아삭하고 맛있게 보관이 가능하다.
   2) 제품 특징
      – 시원한 선반, 시원한 커튼, 시원한 커버, 시원한 서랍
   3) 판매 멘트
      – 김치는 우리 선조들의 땅속 지혜를 담은 자사의 김치냉장고에 담고
        걱정도 함께 담자!

설민석 강사의 스피치를 분석했다면 이제는 생각정리스피치 5단계 프로세스를 참고하여 당신만의 스피치를 대본을 만들어보자. 그리고 비언어커뮤니케이션과 함께 성공적인 스피치를 하기 바란다.

# 7장

인생을 바꾸는
생각정리의 힘

# 01

## 인생정리스킬
## 3종 세트

### ?! 인생을 생각하고 정리하는 시간

종종 필자는 생각정리스킬을 통해 무엇을 교육해야 할 것인가 고민
하곤 한다. 생각정리의 범위가 상당히 넓어 어디에 초점을 맞추느냐
에 따라 업무를 잘하는 방법이 되기도 하고, 공부를 잘하는 방법이
되기도 하기 때문이다. 이번 장에서는 필자가 10년 이상 일기를 쓰
고 생각을 정리하며 깨닫게 된 생각정리스킬을 여러분들에게 공유
하고자 한다.

행복지수 1위 덴마크에는 '애프터스콜레'라는 독특한 배움의 과정
이 있다. 애프터스콜레는 일종의 인생설계 학교로, 14~18세 사이의
덴마크 청소년들이 고등학교에 입학하기 전 1년 동안 교육을 받는
곳이다. 여기에서 학생들은 학교 교과과목에서 잠시 벗어나 자신의

인생과 진로에 대해 생각해 볼 수 있는 시간을 갖는다. 이 기간 동안 학생들은 자신의 존재 의미와 인생의 꿈을 발견하게 된다.

어쩌면 우리에게도 이러한 시간이 필요한 것은 아닐까? 나 자신의 인생을 정리하고 설계할 수 있는 그런 시간 말이다. 때로는 바빠서, 때로는 힘들어서 잠시 미뤄두었던 인생정리 시간을 이번 장을 통해 함께 만들어 보자.

그럼, 지금부터 '인생을 바꾸는 생각정리의 힘, 인생정리스킬'을 시작해 보자!

## ?! 인생정리스킬 3종 세트

우리 앞에 인생을 바꾸는 '인생정리스킬 3종 세트'가 있다. 강력한 효과를 지닌 3가지 인생정리 도구는 어떤 것들이 있을까?

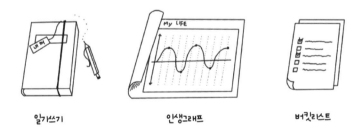

일기쓰기        인생그래프        버킷리스트

3종 세트의 첫 번째는 '일기쓰기'다. 일기쓰기는 과거와 현재 그리고 미래를 생각하고 정리할 수 있는 유용한 도구이다. 너무나도 간단하지만 방법을 몰라서 혹은 실천하기 어려워 금방 포기했던 것이 일

기쓰기이다. 일기쓰기를 포기하게 되는 이유는 무엇일까? 아무도 가르쳐주지 않았던 일기쓰기의 방법은 무엇일까? 이번 장에서 자세히 알아보자.

두 번째는 '인생그래프'이다. 인생그래프는 지나간 과거의 큰 흐름을 한 페이지로 정리해서 볼 수 있는 장점이 있다. 인생의 빅데이터를 그려보는 작업이기도 하다. 한 번 작성해 보면 그래프 속에서 나 자신을 발견할 수 있을 것이다. 인생의 빅데이터, 멋지지 않은가?

세 번째는 '버킷리스트'이다. 버킷리스트는 미래를 꿈꾸고 만들어 갈 수 있는 도구이다. 버킷리스트의 핵심은 체크리스트다. 작은 것부터 실천하는 것이 중요하다는 말이다. 버킷리스트를 통해 지금 당장 당신의 멋진 미래를 만들어보자.


'일기쓰기, 인생그래프, 버킷리스트' 이 3가지의 특징은 간단하고 쉽지만 인생을 바꿀 수 있는 강력한 도구라는 것이다. 중요한 것은 실천이다. 매일매일 꾸준히 반복하여 습관을 만들어야 한다. 이번 기회에 나만의 멋진 인생 습관을 만들어 보기 바란다.

# 02

# 일기쓰기

**?! 당신이 일기쓰기에 실패하는 이유**

연초마다 사람들은 자신이 성장할 수 있는 자기계발에 하나씩은 도
전한다. 다이어트, 독서, 세계여행 등등. 그중 빠지지 않는 것이 바로
일기쓰기다. 그 이유는 아무래도 일기쓰기가 인생을 살아가는 데 있
어서 도움이 되는 좋은 습관이기 때문일 것이다.

　일기쓰기는 복잡한 생각을 정리하는데 도움을 줄 뿐만 아니라 나
자신과 대화를 나눌 수 있는 유용한 도구이다. 또한 지나간 시간을
기록하고 정리하는 동안 인생의 방향을 설정할 수도 있다. 뿐만 아니
라 꿈을 이루는 데 가장 강력한 도구가 되기도 한다. 문제는 많은 사
람들이 일기쓰기에 도전하지만 대부분은 실패하고 만다는 것이다.
우리가 일기를 지속적으로 쓰지 못하는 이유는 무엇일까? 일기쓰기

를 포기하는 이유는 여러 가지가 있다.

'일기쓰기가 귀찮다'
'왜 일기를 써야 하는지 모르겠다'
'일기 쓰는 방법을 모른다'
'일기쓰기의 효과가 없다고 생각한다'

일기쓰기를 포기하는 가장 큰 이유 중 하나가 바로 일기쓰기가 귀찮다는 것이다. 일기를 쓰려면 안 그래도 바쁜 시간을 쪼개야 하는데 그 자체가 부담이 된다. 한두 번 바쁘다는 핑계로 일기쓰기를 거르게 되면 굳이 써야 하는가 하는 의문이 생기게 된다. 게다가 누군가에게 일기 쓰는 방법을 배운 적이 없으니 막막하고 답답하다. 이렇게 포기하기를 반복하다 보면 일기쓰기의 효과를 볼 수 없다.

필자는 지금까지 꾸준히 일기를 쓰면서 보다 더 정신적으로 풍요롭고 행복한 삶을 살고 있다. 또한 필자가 원하는 미래를 스스로 만들어 왔다. 10년 이상 일기쓰기를 실천했던 경험을 바탕으로 일기쓰기가 당신의 인생을 변화시키고 성장하게 만든다고 확신한다. 조금이라도 고민이 있거나 이루고 싶은 꿈이 있다면 지금 당장 일기쓰기를 시작해 보자.

## ?! 어디에 일기를 써야 할까?

일기를 써야겠다고 마음먹은 당신이 가장 먼저 고민하는 것은 '어디에 일기를 써야 할까' 하는 문제이다. 일기를 쓰는 곳은 디지털과 아날로그, 어디든 상관없다. 목적과 상황에 맞춰 선택하여 사용하면 된다. 필자는 2가지를 모두 사용하고 있는데 각각의 특징이 있다.

먼저 아날로그 도구는 소지하고 다니기 편한 사이즈로 A5 정도를 추천한다. 일기쓰기 노트의 종류는 일반 노트와 다이어리 노트가 있는데 사용 목적에 따라 각각 사용하면 된다. 일반 노트는 사색용으로 나의 생각을 장문으로 적기에 유용하며, 다이어리는 일정관리용으로 사용하기에 적합하다. 일기쓰기의 목적이 하루에 있었던 일과 미래에 대한 생각을 기록하는 것이라면 노트에 적는 것이 좋고, 목표를 달성하기 위한 목적이라면 다이어리가 좋다.

책 여백도 일기를 쓰기에 좋은 공간이다. 책을 읽다 보면 가끔씩 일기의 소재가 떠오를 때가 있는데, 그때 바로 책의 빈 공간에 일기를 써보자. 책에 적으면 어떠한가? 기록한다는 것 그 자체에 의미가 있다. 아날로그 도구의 장점은 손으로 기록하는 과정에서 두뇌를 자극한다는 것이다. 펜으로 기록할 경우 비록 수정을 하기는 어렵지만 그렇기 때문에 한 문장 한 문장 더 신중하게 생각하며 기록할 수 있다.

반면 디지털 도구는 자유롭게 수정이 가능하다는 장점이 있다. 보통 컴퓨터나 핸드폰을 활용하면 되는데, 비공개로 사용할 수 있는 나만의 블로그를 이용하거나 노션, XMind와 같은 메모 전문 프로그램을 추천한다. 이때 한 가지 팁이 있는데, 종이에 기록한 일기를 핸드폰으로 촬영하여 노션에 그 사진을 삽입하는 것이다. 메모 전문 프로그램들은 촬영된 사진의 손글씨까지 검색할 수 있는 유용한 기능이 있다. 이처럼 디지털 도구를 활용하여 일기를 쓰면 공간의 한계가 없어 머릿속에 있는 잡다한 생각을 모두 끄집어낼 수 있고, 아날로그 도구보다 상대적으로 많은 양을 기록·보관할 수 있으며 내용을 검색할 수 있다는 장점이 있다.

'아날로그 VS 디지털' 어디에 일기를 쓸 것인가? 그것은 당신의 선택이다. 동기부여가 필요하다면 예쁜 다이어리에 쓰면 되고, 디지털 도구가 편하다면 컴퓨터나 스마트폰을 이용해 자유롭게 쓰면 된다. 잊지 말아야 할 것은 도구보다 중요한 것은 기록 그 자체에 있다는 것이다. 일기쓰기란 무엇인가? 도구에 당신의 삶을 기록하는 것이다. 그러니 오랫동안 보관할 수 있고 언제든지 들춰 볼 수 있다면 그곳이 일기쓰기의 최적의 공간이다.

### ?! 글을 잘 써야 한다는 강박관념을 버리자

일기를 쓰려고 하면 가장 부담되는 것이 바로 글쓰기 실력이다. 주변에는 문장력이 약하다는 이유로 일기쓰기를 포기하는 사람들이 많다. 이러한 이유로 일기쓰기를 포기하는 사람들을 보면 참으로 안타깝다.

일기를 쓸 때 글쓰기 실력이 과연 중요할까? 결론부터 말하자면 전혀 그렇지 않다. 일기쓰기는 남들에게 보여주는 글쓰기가 아니기 때문이다. 물론 어렸을 때는 나를 위한 일기가 아닌 누군가에게 보여주기 위한 일기를 썼다. 선생님은 제출한 일기장에 '참 잘했어요' 도장을 찍어주며 일기를 평가했다. 하지만 매일매일 숙제로 제출했던 그때의 일기가 과연 진짜 일기일까? 그렇지 않다. 보여주기 위한 일기는 전부 가짜이다. 진짜 일기는 나를 위해 쓰는 것이다.

따라서 일기를 쓸 때에는 오히려 '막 쓰기'를 권장한다. 맞춤법이 틀려도 좋고 문법이 어긋나도 상관없다. 일기쓰기는 문학적 글쓰기가 아니기 때문이다. 마음속에서 떠오르는 생각을 자유롭게 적다 보면 어느새 일기쓰기는 완성된다.

일기쓰기는 나 자신과의 대화다. 다른 사람을 만나서 대화할 때는 옷을 차려입어야 하고 예의를 갖춰서 이야기해야 하는 부담이 있지만 나 자신과 대화를 나눌 때는 그럴 필요가 없다. 일반적인 글쓰기가 부담스러운 이유는 내가 아닌 다른 사람이 본다고 생각하기 때문이다. 부담을 갖지 말고 나 자신과 대화를 나누자. 집중해야 할 것은 나의 내면이다. 내면의 가장 깊숙한 곳까지 들어가야 한다.

일기를 잘 쓰고 싶다면 글을 잘 써야 한다는 강박관념을 버려야 한다. 본인의 생각이 진솔하지 못하다면 과감히 지우면 되고, 진실이라면 일기장에 영원히 남기면 된다. 일기쓰기는 진솔한 당신의 생각을 담는 것이다. 일기를 쓸 때는 '이 일기의 내용이 진솔한가, 아닌가?' 라는 한 가지 기준만 기억하면 된다.

## ?! 시간과 장소를 분명하게 기입하자

그렇다면 일기장에 들어가야 할 필수요소는 무엇일까? 간단하다.

**"언제(시간), 어디에서(장소), 무엇을(내용) 했는가?"**

시간·장소·내용, 이 3가지만 기억하면 된다. 일기쓰기에 있어서 일기를 작성한 시간과 장소를 기입하는 것은 내용만큼이나 중요하다.

시간은 나 자신이 얼마나 발전했는지 알 수 있는 척도가 되기 때문이다. 필자는 주기적으로 과거의 일기를 다시 보곤 하는데, 일기를 보다 보면 머릿속에 수많은 아이디어와 생각이 떠오르기도 한다. 이때 인상 깊은 문장에 밑줄을 치고 댓글을 남기곤 한다. 댓글을 남길 때 중요한 것은 언제 이런 생각을 했는지 시간을 기입하는 것이다. 다음의 내용을 읽어보며 생각이 어떻게 발전하고 있는지 살펴보자.

- 너무나도 힘든 상황이다. 방법이 없다(.2021. 10. 12 23:10)
- 왜 그때는 이렇게 했을까? 다른 선택은 없었나?(2022. 2. 9 20:36)
- 이제야 그 상황이 이해가 되고 방법을 알겠다(2.023. 1. 5 21:32)

만일 시간을 기록하지 않았다면 생각이 성장했음을 알 수 없었을 것이다. 생각은 눈에 보이지 않기 때문이다. 일기에 댓글을 남기고 시간을 기록함으로써 과거의 자신과 대화한 흔적을 확인할 수 있다. 그리고 나의 생각이 어떻게 성장하고 발전하고 있는지 알 수 있다. 일기를 쓰며 자신과 대화를 나눈다는 것은 바로 이런 것이다. 생각은 기록하지 않으면 달아나기 때문에 떠오르는 순간 시간과 함께 댓글을 남기자.

두 번째로는 장소를 기록하자. 장소를 기록하면 좋은 점은 그 장소에서 있었던 모든 상황들을 기억하는 데 도움이 된다. 실제로 기억력을 높이는 방법 중 하나가 바로 장소를 기록하는 것이다. 뇌는 정보를 '장소화'하는 것을 좋아하는데, '장소화'는 기억이 작업하는 기본 원리이기 때문이다. 일기를 쓰는 목적 중 하나가 기억을 하기 위한 것이라면, 우리는 기억을 하기 위해 기록을 해야 한다. 이때 '장소'를 기입하면 오랫동안 생각이 기억에 남을 것이다.

일기쓰기에 있어서 시간과 장소의 중요성을 배웠으니 이제 내용을 어떻게 써야 하는지 살펴보자.

## ?! 부정적인 단어보다는 긍정적인 단어를 쓰자

그럼, 무엇을 어떻게 써야 할까? 일기를 자유롭게 쓰다 보면 부정적인 단어와 문장을 많이 사용하게 된다. 인생이 힘들고 고단하기 때문이다. 필자 역시도 과거의 일기를 펼쳐 보면 나에 대한 비관과 부정적인 생각으로 가득 차 있기도 했다.

"나는 왜 이 정도밖에 안 되는 걸까?"
"저 사람은 성공했는데 나는 왜 이렇게 힘들까?"

필자는 그동안 써왔던 일기를 다시 펼쳐 보는 중에 부정적인 단어들이 많이 적힌 날의 일기를 보면 곧장 다음 장으로 넘어간다. 또다시 그 생각이 재생되고 반복되는 것 같은 부정적인 느낌이 강하게 들기 때문이다. 왜 이렇게 부끄럽고 나약한 생각을 했는지 그 지면을 찢어버렸던 날도 있었다. 어떤 날은 다른 사람에 대한 욕과 불평불만으로 가득 찬 날도 있었고, 미움·증오·분노·질투심 등의 악한 감정들이 신랄하게 적혀 있는 날도 있었다. 이런 내용의 일기를 보던 중한 가지 생각이 떠올랐다.

### "무엇을 위해 일기를 쓰는가?"

일기라는 것은 단순히 스트레스 풀이용이 아니라는 걸 깨달은 것이다. 일기란 과거와 현재 그리고 미래의 자신과의 대화이다. 그리고 유일하게 내 일기를 볼 수 있는 사람은 바로 나뿐이다. 그러니 이왕이면 좋은 생각과 긍정적인 생각을 더 많이 적으면 어떨까 하는 생각을 했다. 물론 삶을 살아가면서 부정적인 생각을 하지 않을 수는 없다. 그러나 노력한다면 부정적인 생각도 긍정적인 생각으로 변화시킬 수 있다는 믿음이 있었다. 《죽음의 수용소에서》의 저자 빅터 플랭클은 '인생은 스스로 부정과 긍정을 선택할 수 있는 간극이 있다'고 말하지 않았는가? 부정이 아닌 긍정을 택하기로 결심했다. 그 이후 내 일기장의 모습은 완전히 변하기 시작했다. 부정을 극복할 수 있는 긍정의 패턴이 생긴 것이다.

패턴은 아주 간단했다. 부정적인 상황을 기록했다면 그다음 긍정적인 내용을 바로 기록하는 것이다. 다음의 내용을 읽어보자.

'힘들다' → '지금은 힘든 상황이지만 극복할 것이다'
'포기하고 싶다' → '나는 포기하지 않을 것이다'
'과연 할 수 있을까?' → '나는 할 수 있을 것이다'
'나는 부족하다' → '나는 부족하지만 앞으로는 성장할 것이다'
'그 사람은 왜 그럴까?' → '나는 그 사람과 친해질 것이다'
'막연하다' → '이 문제를 해결하기 위해서 어떻게 해야 할까?'
'자신감이 없다' → '자신감을 갖기 위해 당장 해야 할 것은?'

이처럼 부정적인 내용을 긍정적으로 이어나가는 방식으로 문장을 작성했다. 예를 들면 '힘들다'를 '힘들지만 극복할 것이다'로 기입했듯이 '그럼에도 불구하고 ~ 것이다'라고 나름대로의 예언을 한 것이다. 그리고 '막연하다'에서 '이 문제를 해결하기 위해서 어떻게 해야 할까?'라고 하며 '~ 어떻게 해야 할까?'의 방법을 찾아나갔다. 이러한 패턴으로 꾸준히 일기를 기록하다 보니 나 자신의 부정적인 모습은 점차 사라지고 긍정적인 모습이 자라나기 시작했다. 그리고 습관이 되었다.

일기쓰기의 진가는 여기서부터 진짜 나타나게 되었다. 일상생활을 할 때 무의식적으로 긍정사고의 패턴이 자동으로 나오게 되었다. 부정적인 상황을 긍정적으로 바라보게 되고, 답이 없는 상황에서 방법을 찾아 생각하게 되었다. 그 결과 내가 생각하는 거의 모든 일들이 원활하게 진행되어 나갔다. 글이 씨가 된 것이다. 긍정적인 생각을 하니 긍정적인 행동과 결과가 나오는 것은 어쩌면 당연한 결과다.

만약 일기를 쓸 때 부정적인 생각이 든다면 '어떻게 이 상황을 극복할 수 있을까?'라는 한 가지 문장을 기억하자. 이것이 당신의 생각과 인생을 부정에서 긍정으로 만들어 줄 것이다.

## ?! 과거의 추억을 보관하기 위한 일기쓰기

일기쓰기는 과거의 추억을 보관하기 위한 일기쓰기와 미래를 설계하기 위한 일기쓰기로 구분된다.

보통 우리는 추억을 보관하기 위해 일기를 쓴다. 입학식·운동회·졸업·생일·결혼식·해외여행 등 살다 보면 누구나 기억하고 싶은 순간이 생긴다. 우리는 이 순간을 사진이나 영상 그리고 일기로 기록한다. 필자 역시 고등학교 때 수학여행을 갔던 날, 연극을 처음으로 했던 날, 훈련소에 입소했던 날 등 지금까지의 거의 모든 추억을 일기에 기록해 두었다. 그날의 일기를 다시 펼쳐 보면 그때의 상황들이 모두 생생하게 떠오른다. 이미 지나간 세월이기에 잡을 수는 없지만 일기를 통해 아름다웠던 기억을 추억할 수 있었다. 기록하지 않으면 추억조차 할 수 없었던 그 시절을 일기로나마 담아두어 다행이라고 생각한다.

한때 필자는 어떻게 하면 일기를 보다 더 구체적으로 기록할 수 있을까 하고 고민을 한 적이 있다. 사진만큼이나 생생하게 기록을 하고 싶었던 것이다. 이러한 고민을 하던 중 어느 날 우연히 한 권의 단편소설을 보고 '하루를 이렇게 상세히 사실적으로 묘사할 수 있구나!'

생각정리스킬

하고 큰 충격을 받았다.

그 소설은 알렉산드르 솔제니친의 《이반 데니소비치 수용소의 하루》이다. 이 작품은 솔제니친이 몸소 경험한 나치의 수용소 생활을 상세하게 묘사하고 있는데, 특히 '수용소의 하루'를 200여 쪽의 단편 소설로 풀어낼 수 있다는 사실이 놀라웠다. 필자가 작성한 일기 중 가장 긴 내용의 분량은 A4 용지로 10장 정도였을 뿐이니 말이다.

하지만 우리의 인생은 천만 권의 책으로도 담을 수 없다는 사실을 필자는 잘 알고 있다. 그러니 우리는 하루하루를 소중하게 살아가야 하며, 그중에서 가장 소중한 것을 뽑아 일기장에 담아야 한다.

당신은 오늘 하루 중 가장 소중했던 순간이 언제였는가? 떠올랐다면 지금 바로 일기장에 추억을 보관하자.


## ?! 미래를 만들고 준비하기 위한 일기쓰기

추억을 보관하는 일기가 과거일기라면 미래를 꿈꾸고 설계하기 위해 기록하는 것은 미래일기다.

사람들은 보통 과거와 현재를 기록하기 위해 일기를 쓰지만 필자는 미래를 만들어가기 위한 일기를 써왔다. 일기를 가장 처음으로 쓰게 된 이유는 꿈 때문이다. 꿈을 기억하고 이루기 위해 일기를 쓰게 되었다.

중학교 2학년 수학여행에 갔을 때 장기자랑 시간의 일이다. 무대 위에서 마이크를 잡은 한 강사의 모습을 보고 한 순간에 반해버렸다.

내 미래의 모습을 보는 것 같았기 때문이다. 그는 통기타를 메고 한 손에는 마이크를 들고 말을 하기 시작했다. 말 한마디로 사람들을 웃기고 울리고 또 감동을 주며 휘어잡는 그 사람은 레크리에이션 강사였다. 학창시절 내내 공허했던 내 가슴이 처음으로 뛰기 시작했다. 나에게 꿈이 찾아 온 것이다.

**"나도 말 한마디로 사람의 마음을 움직이는 강사가 되고 싶다!"**

그날 이후 내 머릿속은 온통 꿈에 대한 생각뿐이었다. 누가 말했던 가? 사랑하면 알게 되고 알게 되면 보이게 된다고…. 나는 내가 보고 느꼈던 미래의 꿈을 계속해서 알고 싶었고, 또 꿈을 이루는 나를 하루 빨리 만나보고 싶었다.

> '어떻게 하면 꿈을 이룰 수 있을까?'
> '꿈을 이루기 위해 학교는 어디로 가야 할까?'
> '준비해야 하는 것은 무엇일까?'
> '나는 왜 그 꿈을 이뤄야만 할까?'
> '내가 과연 할 수 있을까?'

감당할 수 없을 만큼 수많은 질문과 아이디어가 계속해서 떠올랐다. 문제는 생각과 질문이 정리되지 않으니 머릿속이 항상 복잡했다. 그리고 좋은 아이디어가 떠올라도 기록해 두지 않으니 시간이 지나면 자연스럽게 사라지고 말았다. 나는 내가 발견했던 나의 꿈이 내

기억 속에서 사라질 수도 있다는 초조함과 공포심을 느꼈다. 그것은 곧 나의 미래가 사라지는 것이나 다름이 없었던 것이다.

　나는 꿈을 기억하기 위해 일기를 썼다. 그리고 꿈을 이루기 위해 미래를 그려나갔다. 그 이후부터 내 일기장은 꿈에 대한 질문과 답으로 가득 차게 되었다. '감사'라는 말은 수천 번도 더 적었을 것이다. 당장 해결되지 않았던 질문도 시간이 지나면서 답을 찾을 수 있게 되었다. 1년 전에는 방법이 없어보였던 사실이 3년 뒤에 해결이 되었고, 간절한 소망이 5년 만에 10년 만에 이루어지는 것을 직접 경험해 보았다. 생생하게 꿈꾸면 이루어진다는 말이 진짜였다.

　미국의 유명 영화배우인 짐 캐리의 일화이다. 무명시절 짐 캐리는 수표용지 한 장을 구해 1995년 추수감사절까지 자기 자신 앞으로 1,000만 달러를 지급한다는 내용을 적었다. 그 시점까지 1,000만 달러를 받는 배우가 되겠다는 다짐이자 인생의 목표였다. 짐 캐리는 이 수표를 항상 지갑 속에 넣고 다니면서 틈날 때마다 자신의 목표를 되새기고 어려움을 견뎌냈다. 그리고 실제 1995년 대표작인 영화 〈마스크〉에 출연하면서 1,000만 달러가 넘는 출연료를 받게 되었다.

　당신의 꿈은 무엇인가? 그 꿈을 머릿속으로만 생각하지 말고 매일 일기장에 기록해 보자. 일기를 쓰는 동안 꿈은 점점 구체화될 것이다. 또한 기록했던 내용은 나도 모르는 사이에 모두 이루어졌음을 체험하는 날이 올 것이다.

　일기쓰기를 통해 당신의 미래를 만들어 나가자!

## ?! 매일 실천해야 할 삶의 목표를 기록하라

일기를 쓰는 궁극적인 이유는 무엇일까? 여러 가지 이유가 있겠지만 우리는 인생의 목표를 이루기 위해 일기를 쓴다. 그리고 일기는 내 삶의 나침반이 되어준다. 우리가 방황을 할 때 방향을 찾아주고, 보다 더 나은 방법을 생각하게 만들어주는 것이 바로 일기다.

필자가 가장 방황했던 시절은 스물한 살 때였다. 그해 겨울은 혹독하게 추웠다. 아버지가 병으로 돌아가시고, 가세가 기울었다. 방황도 잠시, 입대영장이 날라왔다. 절망하던 내게 인생의 방향을 제시해 주신 분이 계시다. 바로 고등학교 시절 교감선생님이다.

선생님께서는 나에게 군에 입대하거든 4가지를 목표삼아 노력하라고 말씀하셨다. 이를 꾸준히 실천하고 실행에 옮긴다면 원하는 목표와 꿈은 반드시 이루게 될 것이라고 말씀하셨다. 4가지는 무엇일까?

### "신언서판(身言書判)"

신언서판은 중국 당나라 때 관리를 등용하는 시험에서 인물평가의 기준으로 삼았던 몸(體貌)·말씨(言辭)·글씨(筆跡)·판단(判斷)의 4가지를 이르는 말이다. 지금은 아나운서의 4가지 자질이기도 하다.

어떻게 하면 선생님께서 제시해 주신 목표를 실천할 수 있을지 고민하며, 우선 신언서판을 다음과 같이 세분화하고 체크리스트를 만들어 날마다 체크해 나갔다.

- 신 : 운동 (매일 꾸준히 달리기 1시간과 팔굽혀펴기 100번 하기)

- 언 : 독서 (군대에 있는 동안 300권 독서하기)

- 서 : 펜글씨 (펜글씨 연습하기), 한자공부 (1,800자 공부하기)

- 판 : 매일 사색하기 (일기장에 사색의 내용 기록하기)


21개월 동안의 군생활에서 매일의 개인 정비시간 동안 이 4가지를 실천에 옮겼다. 이것이 나의 방향이라는 확신이 있었기 때문이다. 날마다 달렸고, 읽었으며, 틈틈이 펜글씨를 연습하며 마음을 닦았고, 한자를 공부하며 새로운 언어를 익혀나갔다. 그리고 사색했다. '나는 누구인가' '어떻게 살아가야 하는가' '나는 왜 사는가'와 같은 중요한 인생의 질문을 일기에 기록했다. 셰익스피어의 말처럼 갇혀 있는 불이 더 뜨겁게 타올랐다. 노력하니 자신감이 생겼고 반복하니 내공이 쌓이기 시작했다. 그렇게 21개월, 결과는 놀라웠다.


- 신 : 매일 운동한 결과 육군훈련소에서 특급전사가 되었으며

- 언 : 300권 목표는 달성하지 못했으나 267권 독서를 하게 되었다.

- 서 : 펜글씨 실력이 향상되었으며, 한자를 터득했다.

- 판 : 발표력 경연대회에서 1등을 하여 소장 표창까지 받았다.

선생님께서 알려주신 '신언서판'은 내 삶의 목표가 되었고 아직도 실천하고 있다. 지금도 힘들 때마다 군 시절 기록한 일기를 보곤 하는데 큰 힘이 된다. 기록했기에 실천했고 목표를 이룰 수 있었다.

당신의 일기에는 어떠한 목표가 적혀 있는가? 당신만의 꿈과 목표를 구체적으로 적고, 그 성장과정을 날마다 기록해 보자. 어느덧 자신이 기록하고 실천한 만큼 성장한 자신을 발견하게 될 것이다. 꿈을 위한 성장의 기록을 일기에 적으며 날마다 성장하자!

### ?! 일기쓰기로 생각의 빅데이터를 형성하라

아주 사소한 일상도 기록을 해두면 가치가 생긴다. 나는 아주 사소한 일상도 일기에 기록한다. 우리는 반복되는 일상으로 같은 날을 살아간다고 생각하지만 매번 새로운 삶을 살아가고 있다. 매일매일 '기록으로 남길 만한 가치'가 있는 것들을 일기에 상세하게 남겨 둔다면 작은 기록들이 모여 어느 순간 거대한 생각의 빅데이터가 형성될 것이다.

필자는 일기를 토대로 인생그래프를 작성한다. 한 달에 한 번, 6개월에 한 번, 1년에 한 번씩 그동안 작성한 일기의 큰 흐름을 분석한다. 그 과정에서 내 생각의 흐름과 방향을 발견할 수 있다. 내가 누구인지, 나는 어디에서 어디로 가고 있는지 객관화할 수 있다. 또한 지속적으로 사용하는 단어를 분석하면 내가 관심 있는 단어나 심리상태까지도 스스로 분석할 수 있다.

필자는 인생그래프를 작성하던 중 신기한 사실 하나를 발견했다. 한 가지 주제를 생각하면 3주 동안 유지가 된다는 것이다. 예를 들어 독서라는 관심사가 생기면 그것이 유지되는 기간이 3주 정도이고, 그 시점이 지나면 다른 주제인 운동으로 관심이 바뀐다. 이처럼 3주가 지나면 흥미가 떨어지고 다른 주제로 관심이 바뀌는 것이다.

나에게 관심주기가 있다는 것을 발견하고 나서 변화된 점은 나의 심리와 행동을 미리 예측해 준비할 수 있게 된 것이다. 예를 들어 운동을 1년 동안 꾸준히 하기로 목표를 세워 뒀지만 나는 3주 뒤 다른 주제에 관심이 생겨 운동에 대한 열정이 사라질 것을 미리 예측할 수 있게 되는 것이다. 이렇게 예측을 할 수 있으니 준비를 할 수 있었다. 그런 상황이 오기 전에 미리 목표를 재설정하고 준비하여 포기하게 되는 상황을 미연에 방지할 수 있게 된 것이다. 그러한 방식으로 내 인생의 목표를 유지해 올 수 있었다.

사소한 일상이 모이면 생각의 빅데이터가 생기고, 인생그래프를 통해 일상을 분석할 수 있다. 그럼, 인생그래프는 어떻게 그릴 수 있을까? 일기쓰기에 대해 마무리를 하고, 다음 주제로 인생그래프 그리는 방법을 알아보자.

일시 : 2024년 1월 1일 22:00                               장소 : 내 방

제목 : 내용을 한마디로 요약하라!

**[내용 지침 (과거)]**

- 일기는 아날로그나 디지털, 편한 도구를 사용하자.

- 문장의 구조나 맞춤법을 신경쓰지 말고 작성하자.

- 자유롭게 작성하되 구체적이고 진솔하게 작성하자.

- 일기에는 시간과 장소를 기록하는 것을 잊지 말자.

- 부정적인 단어보다는 긍정적인 단어를 사용하자.

- 기록에 남길 만한 소중하고 가치 있는 일을 기록하자.

- 자신이 원하는 모습을 상상하며 기록하자.

- 목표를 달성하기 위한 일기를 쓰자.

- 일기를 꾸준히 쓰면 인생의 빅데이터가 형성된다.

- 일기쓰기는 인생을 바꾸는 생각정리의 힘이다.

- 지금 당장 일기쓰기를 습관으로 만들자.

**[내용 지침 (미래)]**

- '그럼에도 불구하고 ~ 될 것이다'라는 미래형 일기를 쓰자.

# 03

## 인생그래프

지금까지 일기쓰기에 대해 살펴봤다면 이제 인생그래프를 작성하는 방법에 대해 알아보자. 인생그래프의 작성법은 매우 간단하지만 당신의 인생을 한 페이지로 정리하고 살펴볼 수 있는 매우 특별한 도구이다. 인생그래프를 통해 나 자신의 심리와 일상의 패턴 등을 분석해 볼 수 있기 때문이다.

만약 일기를 꾸준히 써왔다면 인생그래프를 작성하기가 수월할 것이다. 작성해 둔 내용을 바탕으로 인생그래프를 그리면 되기 때문이다. 하지만 일기를 쓰지 않았다 해도 인생그래프를 그리지 못하는 것은 아니다. 머릿속의 기억을 천천히 떠올리면서 마음의 흐름에 따라 그래프를 작성할 수 있다. 그럼, 인생그래프를 작성하는 방법을 알아보자. 참고로 부록에 인생그래프 양식이 수록되어 있다.

## ?! 인생그래프를 작성하는 3단계

인생그래프를 작성하는 방법은 간단하다. 그래프 기간을 설정하고, 핵심 키워드를 기입한 뒤 점과 점 사이를 선으로 연결하면 된다. 인생그래프 작성을 마치면 완성본을 보며 스스로 분석해 보자.

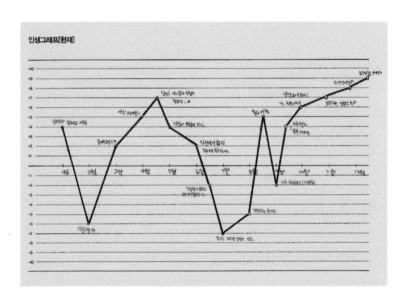

### 1) 1단계 – 인생그래프의 기간 설정하기

가장 먼저 해야 할 것은 인생그래프의 기간을 정하는 것이다. 태어나서 지금까지의 시간을 정리해 볼 것인지, 지난 1년 동안을 정리할 것인지, 월별로 정리할 것인지, 하루의 그래프를 그릴 것인지를 설정한다. 그다음 x축에 자유롭게 기간을 구분해 본다. 예를 들어 1년을 기준으로 할 경우에는 1월, 2월, 3월과 같은 방식으로 구분하면 된다.

생각정리스킬

## 2) 2단계 – 핵심 키워드 기입하고 점 찍기

인생그래프의 x축은 기간이며, y측은 감성지수이다. 기간을 설정했으면 그 기간의 핵심 키워드를 기입하고 점을 찍는다. y축은 0을 중심으로 아래로 가면 불행했던 지수이고, 위로 올라갈수록 행복지수이다. 감성지수는 자신의 주관적인 생각을 바탕으로 정하면 된다.

## 3) 3단계 – 점과 점 사이를 선으로 연결하기

마지막으로 점과 점 사이를 연결해본다. 《고도원의 아침편지》의 저자 고도원은 '작은 점 하나가 위대한 시작'이라며 작은 점과 점이 모여 선이 되고 선이 모이면 우리 인생의 그림이 만들어진다고 했다. 선을 연결하며 인생의 그림이 어떻게 완성되는지 살펴보자.

### ?! 당신의 행복지수를 분석하라

인생그래프는 다른 사람들에게 보여주기 위해 그리는 것이 아니다. 인생그래프는 나 자신과 인생의 방향을 분석하기 위해 그리는 것이다. 따라서 예쁘고 멋지게 그려야 한다는 부담을 가질 필요는 없다.

인생그래프를 완성했으면 이제 행복지수와 불행지수를 분석해 보자. y축의 행복지수에서 가장 높이 적혀 있는 점의 내용을 살펴보면 '내가 가장 행복했던 시간이 언제인지' 또 '무엇 때문에 행복해질 수 있었는지'를 알 수 있다. 반대로 y축의 불행지수에서 가장 낮은 곳에 있는 점은 '나를 힘들게 하는 요인'을 알 수 있다.

예를 들어 y축의 행복지수에서 가장 높은 지점의 키워드가 주로 인간관계와 관련되어 있는 일이라면 나의 행복은 관계에서 주로 얻게 되는 것임을 알 수 있다. 키워드가 '성과' 위주로 나타났다면 나는 '성과'가 있을 때 행복과 기쁨을 얻는 사람이라는 것을 알 수 있다.

이처럼 '내가 좋아하는 일'과 '싫어하는 일'을 분명히 알고 있다면 인생의 방향을 설정하는 데 있어서 분명히 도움이 될 것이다. 인생그래프를 통해 나를 발견하고 인생을 생각할 수 있는 시간이 되기를 바란다.

**?! 인생그래프 작성 사례**

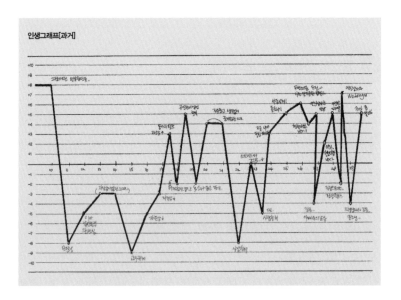

생각정리클래스에서 서포터즈 1기를 대상으로 인생그래프 특강을 진행했다. 그중 이수진 님의 인생그래프 사례와 후기를 참고하여 당신의 인생그래프를 그려보자.

저를 되돌아보기 위한 웬만한 프로그램은 많이 경험해 봤거든요. 그래서 이것 또한 그냥 나를 되돌아보기 위한 프로그램의 하나라고 생각했는데 〈나의 인생〉이라는 영화를 보고 나온 기분이네요. 마치 제 인생의 중간점검 같았어요. 과거를 통해 만들어진 내가, 올해는 어떻게 보냈었나? 남은 시간들은 어떻게 보내려고 하나? 과거에만 갇혀 있지는 않았나? 현재만을 즐기고 있지는 않았나? 미래만을 위해 현재를 버리고 있지는 않았나? 다양하게 바라볼 수 있었네요. 아직 끝나지 않은 올 한 해의 시간들 또한 중요하다는…, 시간에 대한 사명감도 생겼어요!

인생그래프로 발견한 제 인생의 키워드는 '강점'과 '관계'인데요.

첫 번째 강점은, 내가 잘하고 즐길 수 있는 일은 무엇일까? 이 한 가지 질문에 답을 찾기 위해 많은 문을 두드렸는데요. 행복지수를 통해 살펴보니 '강점을 발휘하고 있는가'가 핵심이었어요. 다양한 경험 속에서 저의 강점이 발휘되었을 때는 스스로가 행복했다고 기억하고 있더라고요. 불행지수에서는 반대로 '강점을 발휘하고 있지 못할 때' 혹은 '강점은 발휘되고 있으나 그만큼의 인정을 받지 못할 때'였어요.

두 번째 관계는, 행복지수에서는 '안정적인 관계'가 핵심이었어요. 관계가 다양할 수 있는데, 여기선 '가족'을 얘기해요. 남편을 처음 만났던 때와 결혼을 하게 된 때를 적었는데 남편 덕분에 제가 많이 편안해지고 안정적이게 되었거든요.

이렇게 정리해 보니 강점을 발휘할 수 있는 일을 해서 행복함을 늘리고, 관계적인 부분에서도 소홀히 하지 않고 신경 써서 불행지수에 또 나타나지 않게 해야겠다는 생각도 드네요. 관계적인 부분이 저 혼자 해내가는 일은 아니지만, 그래도 노력은 필요하겠다는 생각도 들고요. 나의 그래프, 내 인생을 내가 만들어 갈 수 있겠구나 하는 의지가 생겨납니다!

# 04

# 버킷리스트

**?!** **미래를 만드는 버킷리스트 작성의 힘**

인생그래프가 과거의 인생 흐름을 정리해 줬다면, 버킷리스트는 미래를 꿈꾸게 해주고 정리해 주는 도구이다.

버킷리스트라는 말을 단어 자체로만 풀어보면 '버킷'은 양동이, '리스트'는 목록이라는 뜻이다. 어째 좀 이상하지 않은가? 양동이에 꿈을 담으라는 말인가? 그 유래를 살펴보면 왜 버킷리스트가 '죽기 전에 반드시 해야 할 꿈의 목록'인지 이해가 될 것이다. 버킷리스트는 'Kick the bucket'에서 유래한 말로, 중세시대에 죄수들이 교수형을 받을 때 목에 밧줄을 감고 양동이에 올라가 발로 차버리는 행위에서 유래되었다. 이때 죄수들은 어떤 생각을 했을까? 크고 작은 꿈의 목록이 떠올랐을 것이다. 버킷리스트가 '죽기 전에 반드시 해야 하는 꿈의 목록'이라는 말은 여기에서 유래된 것이다.

버킷리스트를 작성하면 무엇이 좋을까? 버킷리스트를 통해 당신이 얻을 수 있는 것은 3가지가 있다.

첫째, 나 자신이 좋아하는 것을 발견할 수 있기 때문에 내가 누구인지 아는 데 도움을 준다.

둘째, 버킷리스트를 작성하고 실천하다 보면 꿈을 꾸고 이루는 능력이 개발된다.

셋째, 이룰 수 없는 '막연한 꿈'이 아닌, 이룰 수 있는 '구체적인 꿈'을 도전하고 이루면서 삶의 만족도가 높아질 수 있다.

이러한 이유로 생각정리클래스에서는 가장 첫 시간에 버킷리스트를 작성한다. 인생과 꿈을 생각할 수 있는 강력한 도구이기 때문이다. 당신의 꿈은 무엇인가? 지금 당장 버킷리스트를 작성해 보자.

## ?! 버킷리스트를 작성하는 3단계

버킷리스트의 작성법 역시 간단하다. 중요한 것은 꿈의 목록을 작성하고 나서 작은 것부터 실천하는 것이다. 많은 꿈을 작성했다 할지라도 실천하지 못한다면 아무 소용이 없다. 꿈의 목록을 작성하고 실천해 볼 준비가 되었다면 지금부터 버킷리스트 작성법을 살펴보자.

## 1) 버킷리스트를 작성한다

| 우선순위 | 작성일 | 버킷리스트 내용 | 달성기한 | 달성일 | 달성 여부 |
|---|---|---|---|---|---|
| | 2024.1.10 | 친구와 함께 '내일로' 여행하기! | 1개월 이내 | | |
| | 2024.1.25 | 가족과 제주도 한라산 등반하기 | 3개월 이내 | | |
| | 2024.2.16 | 부모님 해외여행 보내드리기 | 3년 이내 | | |
| | | | | | |
| | | | | | |

우리 속담에 '시작이 반'이라는 말이 있다. 버킷리스트는 일단 시작하는 것이 중요하다. 위와 같이 이루고 싶은 꿈의 목록을 작성일, 내용, 달성기한 순으로 기입한다. 이때 꿈의 목록은 너무 거창할 필요가 없다. 내가 이루고 싶은 작은 소망, 사소한 일부터 적어보자.

이때 달성기한을 적게 되면 내가 이루고자 하는 목표가 훨씬 구체적으로 다가온다. 단순한 꿈이 아니라 이뤄야 할 목표로 생각이 전환되기 때문에 달성기한을 적으면 좋다. 실현가능한 목표와 일정을 적게 되면 이룰 수 있는 확률이 높아진다는 사실을 기억하자.

## 2) 우선순위를 정한다

| 우선순위 | 작성일 | 버킷리스트 내용 | 달성기한 | 달성일 | 달성 여부 |
|---|---|---|---|---|---|
| 1 | 2024.1.10 | 친구와 함께 '내일로' 여행하기! | 1개월 이내 | 2024.2.23 | |
| 2 | 2024.1.25 | 가족과 제주도 한라산 등반하기 | 3개월 이내 | | |
| 3 | 2024.2.16 | 부모님 해외여행 보내드리기 | 3년 이내 | | |
| | | | | | |
| | | | | | |

일단 이루고 싶은 꿈의 목록을 적었으면 두 번째로 해야 할 일은 우선순위를 적어보는 것이다. 우선순위를 적게 되면 생각을 행동으로 옮길 수 있다. 우선순위를 정하는 기준은 개개인마다 다르기 때문에 목적에 맞게 정해보자. 소중한 일 순서대로 정할 수도 있고, 중요한 일 순서대로 정할 수도 있다.

'나는 누구인가?' '나는 무엇을 좋아하는가?' '나는 어떻게 살아가야 하는가?' 등 중요한 것을 중심으로 우선순위를 정한다면 나의 가치관을 발견하며 나 자신을 알아갈 수 있는 좋은 계기가 될 것이다.

### 3) 버킷리스트를 실천한다

| 우선순위 | 작성일 | 버킷리스트 내용 | 달성기한 | 달성일 | 달성 여부 |
|---|---|---|---|---|---|
| 1 | 2024.1.10 | 친구와 함께 '내일로' 여행하기! | 1개월 이내 | 2024.2.24 | ✓ |
| 2 | 2024.1.25 | 가족과 제주도 한라산 등반하기 | 3개월 이내 | 2024.4.30 | ✓ |
| 3 | 2024.2.16 | 부모님 해외여행 보내드리기 | 3년 이내 | | |
| | | | | | |
| | | | | | |

궁극적으로 우리가 버킷리스트를 작성하는 이유는 목표를 달성하기 위해서이다. 따라서 목표를 이뤘다면 달성 여부에 체크하기 바란다. 버킷리스트에 체크한 것을 사진으로 찍어서 꿈을 이뤘음을 표시해 두면 좋다. 사소한 일을 이룬 것도 모두 기록해 보자. 작은 목표달성이 모여지면 훗날 큰 꿈을 이뤄 낼 수 있는 힘이 생길 것이다.

자, 그럼 지금부터 나만의 버킷리스트를 만들어 보자.

| 우선순위 | 작성일 | 버킷리스트 내용 | 달성기한 | 달성일 | 달성 여부 |
|---|---|---|---|---|---|
| | | | | | |
| | | | | | |
| | | | | | |
| | | | | | |
| | | | | | |
| | | | | | |
| | | | | | |
| | | | | | |
| | | | | | |
| | | | | | |
| | | | | | |
| | | | | | |
| | | | | | |
| | | | | | |

**?! 버킷리스트 작성 사례 및 후기**(서포터즈 1기 손예진 님)

지금 당장 또는 조만간 이루고 싶은 리스트를 작성해 보기 시작했습니다. 처음부터 욕심을 부리면 한도 끝도 없을 것 같아서 꼭 하고 싶은 것들 위주로 나열했습니다. 5kg 감량, 주 3회 필라테스 및 운동, 중국어 유창하게 하기, 신용카드 줄이기 등 평소에 제가 꼭 하고 싶었던 것들을 이렇게 쭉 나열했어요.

이렇게 나열한 리스트들을 자세히 보면 다이어트, 돈 모으기, 중국어, 이렇게 크게 분류가 되더라고요! 나열에서 끝내지 않고, 분류를 해보니 이렇게 굵직한 키워드를 도출해 낼 수 있었습니다. 목표를 달성하기 위해서는 구체적이고 현실적일수록 내가 행동으로 옮기기 쉬울 것 같아서 이렇게 구체적인 리스트로 다시 작성해 보았는데요, 달성기한과 달성일까지 구체적으로 작성하고 나니 좀 더 행동을 구체적이고 현실적으로 할 수 있겠다는 생각이 들더라고요!

| 우선<br>순위 | 작성일 | 버킷리스트 내용 | 달성기한 | 달성일 | 달성<br>여부 |
|---|---|---|---|---|---|
| | 2024.1.21 | 하루 물 종이컵 10잔 이상 마시기 | 4개월 | 2024.4.21 | |
| | 2024.1.21 | 탄수화물 1/3 이상 줄이기 | 4개월 | 2024.4.21 | |
| | 2024.1.21 | 계단 오르기 생활화하기 | 4개월 | 2024.4.21 | |
| | 2024.1.21 | 하루 30분 이상 걷기 | 1개월 | 2024.2.21 | |
| | 2024.1.21 | 중국어 생각 말할 수 있을 정도로 배우기 | 1개월 | 2024.2.21 | |
| | 2024.2.1 | 주중 1~2일 혼자만의 시간 갖기 | 1개월 | 2024.3.1 | |
| | 2024.2.1 | 신용카드 월 30만원 미만 사용하기 | 1개월 | 2024.3.10 | |
| | 2024.2.20 | 중국어 주말 스터디 공부 | 2개월 지속 | 2024.4.20 | |

생각정리스킬

그리고 우선순위와 달성 여부를 체크하고 나니, 스스로 보람과 반성을 하게 되는 것을 느꼈고요. 남은 리스트들을 어떻게 달성할 것인지 다시 한 번 상기해 볼 수 있는 것 같아요!

| 우선<br>순위 | 작성일 | 버킷리스트 내용 | 달성기한 | 달성일 | 달성<br>여부 |
|---|---|---|---|---|---|
| 1 | 2024.1.21 | 하루 물 종이컵 10잔 이상 마시기 | 4개월 | 2024.4.21 | |
| 2 | 2024.1.21 | 탄수화물 1/3 이상 줄이기 | 4개월 | 2024.4.21 | |
| 3 | 2024.1.21 | 계단 오르기 생활화하기 | 4개월 | 2024.4.21 | |
| 3 | 2024.1.21 | 하루 30분 이상 걷기 | 1개월 | 2024.2.21 | ○ |
| 4 | 2024.1.21 | 중국어 생각 말할 수 있을 정도로 배우기 | 1개월 | 2024.2.21 | ○ |
| 5 | 2024.2.1 | 주중 1~2일 혼자만의 시간 갖기 | 1개월 | 2024.3.1 | |
| 6 | 2024.2.1 | 신용카드 월 30만원 미만 사용하기 | 1개월 | 2024.3.10 | × |
| 4 | 2024.2.20 | 중국어 주말 스터디 공부 | 2개월 지속 | 2024.4.20 | |

한 달 동안 버킷리스트를 실천해 본 '느낀 점'을 정리해 보았습니다.

첫째, 단순히 꿈 리스트를 작성하고 끝내는 기존의 버킷리스트와는 다르게, 달성기한·달성일·달성 여부 등을 체크해 볼 수 있는 점이 구체적이어서 좋았습니다.(목표에 대한 생각을 구체적으로 할 수 있다는 것!)

둘째, 우선순위를 스스로 정하고 나니 성취를 위한 행동을 한눈에 바로 알 수 있는 점이 좋았습니다.

셋째, '달성 여부'에 대한 체크란이 있어서 중간점검을 해볼 수 있고, 최종지점을 한눈에 파악할 수 있었습니다. 올해 안에 이루고자 했던 남은 버킷리스트들도 열심히 해서 꼭 이뤄보겠습니다!

부록

생각정리
페이퍼

# 버킷리스트

| 우선순위 | 작성일 | 버킷리스트 내용 | 달성기한 | 달성일 | 달성 여부 |
|---|---|---|---|---|---|
| | | BUCKET LIST | | | |
| | | | | | |
| | | | | | |
| | | | | | |
| | | | | | |
| | | | | | |
| | | | | | |
| | | | | | |
| | | | | | |
| | | | | | |
| | | | | | |
| | | | | | |
| | | | | | |
| | | | | | |
| | | | | | |
| | | | | | |
| | | | | | |
| | | | | | |
| | | | | | |
| | | | | | |
| | | | | | |
| | | | | | |

생각정리스킬

## BUCKET LIST

| 우선순위 | 작성일 | 버킷리스트 내용 | 달성기한 | 달성일 | 달성 여부 |
|---|---|---|---|---|---|
| | | | | | |
| | | | | | |
| | | | | | |
| | | | | | |
| | | | | | |
| | | | | | |
| | | | | | |
| | | | | | |
| | | | | | |
| | | | | | |
| | | | | | |
| | | | | | |
| | | | | | |
| | | | | | |
| | | | | | |
| | | | | | |
| | | | | | |
| | | | | | |
| | | | | | |
| | | | | | |
| | | | | | |

# 마인드맵

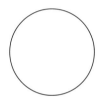

# 만다라트

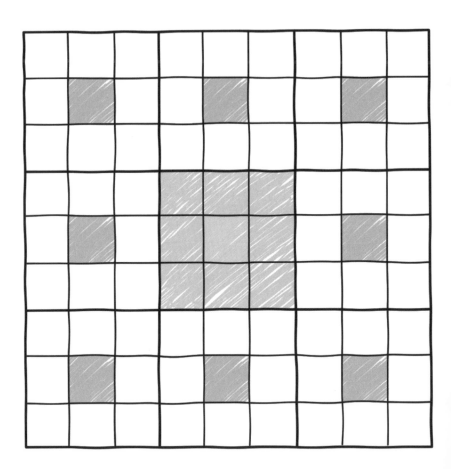

생각정리스킬

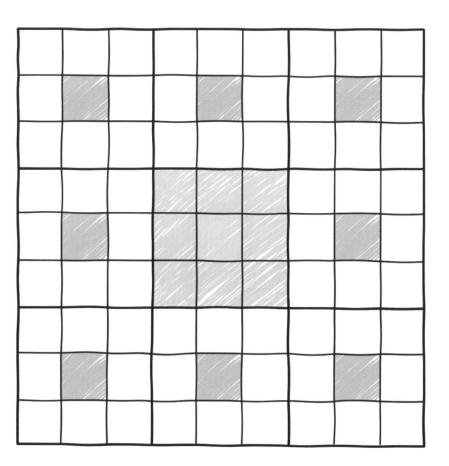

# 로직트리

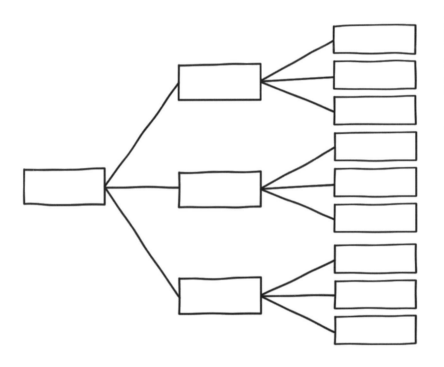

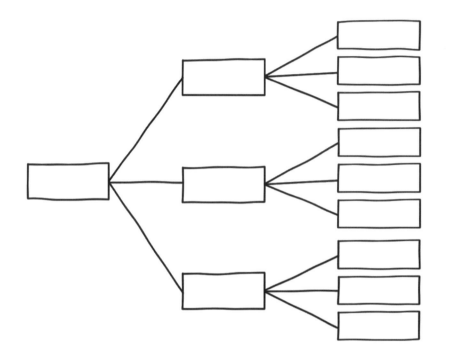

# 인생그래프[과거]

+10 ─────────────────────────────
+9 ─────────────────────────────
+8 ─────────────────────────────
+7 ─────────────────────────────
+6 ─────────────────────────────
+5 ─────────────────────────────
+4 ─────────────────────────────
+3 ─────────────────────────────
+2 ─────────────────────────────
+1 ─────────────────────────────

−1 ─────────────────────────────
−2 ─────────────────────────────
−3 ─────────────────────────────
−4 ─────────────────────────────
−5 ─────────────────────────────
−6 ─────────────────────────────
−7 ─────────────────────────────
−8 ─────────────────────────────
−9 ─────────────────────────────
−10 ─────────────────────────────

생각정리스킬

# 인생그래프[현재]

+10 ——————————————————————————————————
+9 ——————————————————————————————————
+8 ——————————————————————————————————
+7 ——————————————————————————————————
+6 ——————————————————————————————————
+5 ——————————————————————————————————
+4 ——————————————————————————————————
+3 ——————————————————————————————————
+2 ——————————————————————————————————
+1 ——————————————————————————————————

−1 ——————————————————————————————————
−2 ——————————————————————————————————
−3 ——————————————————————————————————
−4 ——————————————————————————————————
−5 ——————————————————————————————————
−6 ——————————————————————————————————
−7 ——————————————————————————————————
−8 ——————————————————————————————————
−9 ——————————————————————————————————
−10 ——————————————————————————————————

생각정리스킬

# 인생그래프[미래]

+10
+9
+8
+7
+6
+5
+4
+3
+2
+1

−1
−2
−3
−4
−5
−6
−7
−8
−9
−10

《3의 마법》, 노구치 요시아키 지음, 김윤수 옮김, 다산라이프, 2009

《기억력, 공부의 기술을 완성하다》, 군터 카르스텐 지음, 장혜경 옮김, 갈매나무, 2013

《기획서 마스터》, 윤영돈 지음, 이지현 그림, 새로운제안, 2015

《기획은 2형식이다 : 심플하고 명쾌한 창조기획개론》, 남충식 지음, 휴먼큐브, 2014

《기획의 정석》, 박신영 지음, 세종서적, 2013

《기획특강 : 대한민국 핵심인재를 위한》, 김영민 지음, 새로운제안, 2009

《논어》, 공자 지음, 김형찬 옮김, 홍익출판사, 2016

《다산선생 지식경영법》, 정민 지음, 김영사, 2006

《독서쇼크 : 정보를 재화로 만드는 기술》, 송조은 지음, 좋은시대, 2010

《독서의 기술》, 모티머 J. 애들러 등저/민병덕 옮김, 범우사, 2010

《생각정리 업무기술》, 니시무라 가쓰미 지음, 아르고나인미디어그룹, 2015

《소통의 기초 스피치와 토론》, 스피치와 토론 교과교재 출간위원회 지음, 성균관대학교출판부, 2014

《손과 뇌 : 손은 외부의 뇌다》, 구보타 기소우 지음, 고선윤 옮김, 바다출판사, 2014

《쇼펜하우어 문장론》, 아르투르 쇼펜하우어 지음, 김욱 옮김, 지훈, 2005

《스티브 잡스》, 월터 아이작슨 지음, 안진환 옮김, 민음사, 215

《스피치가 두려운 당신, 어떻게 말해야 하는가?》, 박혜은,신성진,이상은 지음, 새로운제안, 2016

《이반 데니소비치 수용소의 하루》, 알렉산드르 솔제니친 지음, 이명의 옮김, 민음사, 2000

《진짜 공신들만 보는 대표 소논문》, 김범수 지음, 더디퍼런스, 2016

《질문의 7가지 힘》, 도로시 리즈 지음, 노혜숙 옮김, 더난출판사, 2016

《질문형? 학습법!》, 이영직 지음, 스마트주니어, 2010

《책상은 책상이다》, 페터 빅셀 지음, 이용숙 옮김, 예담, 2001

《침묵의 세계》, 막스 피카르트 저 지음, 최승자 옮김, 까치(까치글방), 2010

《토니 부잔의 마인드맵 북》, 토니 부잔, 배리 부잔 지음, 권봉중 옮김, 비즈니스맵, 2010

《토요타에서 배운 종이 한 장으로 요약하는 기술》, 아사다 스구루 지음, 서경원 옮김, 시사일본어사, 2016

《하브루타 질문 수업》, DR하브루타교육연구회 지음, 경향비피, 2016

266